中国语言资源保护工程

本书由浙江省财政资助出版

浙江方言资源典藏

王文胜　程　朝　著

ZHEJIANG UNIVERSITY PRESS
浙江大学出版社

千佛山中的弥勒佛,2016 年,王文胜摄

南尖岩风光,2016 年,王宁远摄

妙高山遗爱亭,2016 年,王文胜摄

遂昌民居(大柘镇),2013 年,王文胜摄

汤公园中的明遂昌知县汤显祖塑像,2016 年,王文胜摄

山城一角(妙高山),2016 年,王文胜摄

老女发音人李桂飞（遂昌妙高小学），2016 年，王文胜摄

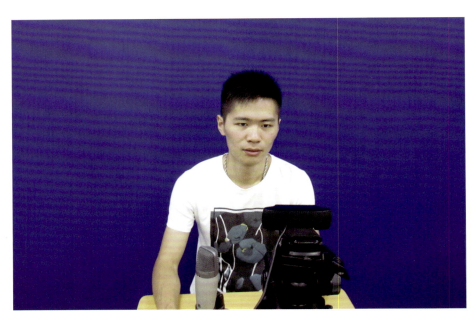

青男发音人江汇（遂昌妙高小学），2016 年，王文胜摄

室内调查老男发音人郭雄飞 (右) (遂昌妙高小学) , 2016 年 , 周倩倩摄

室内摄录现场 (遂昌妙高小学) , 2016 年 , 窦林娟摄

室外摄录现场（遂昌妙高山），2016 年，王文胜摄

室内摄录现场（遂昌妙高小学），2016 年，王文胜摄

室外摄录现场(遂昌妙高山),2016 年,窦林娟摄

室外摄录现场(遂昌妙高山),2016 年,王文胜摄

炒乌饭(遂昌大柘镇街头村),2015 年,王文胜摄

炒山粉丸(遂昌妙高镇上的小餐馆),2016 年,王文胜摄

序

浙江省的方言资源具有丰富性、濒危性和未开发性的特点,急需开展大规模的全面深入的调查研究。几十年来,浙江省方言研究人才辈出,然而很多专家都在省外工作。浙江方言的调查研究一直缺乏总体规划和集体行动,故而除了一些个人自发的研究以外,很少有成系列的调查报告和研究成果,与一些兄弟省(区、市)相比,反而远远落在了后面,这不能不说是一件十分遗憾的事。

近年来,随着语保工程的深入开展,浙江方言调查迎来了一个高潮。在浙江省教育厅、浙江省语言文字工作委员会办公室统一有力的领导下,在全省方言专业工作者的共同努力下,浙江省的语保工作开展得有声有色,成绩斐然,很多方面都走在了全国的前列。如省财政的配套支持、《浙江语保》杂志的出版、"浙江乡音"平台的建设、人才队伍的(汇聚)整合等方面,在全国来看都是具有创新性或领先性的。仅拿人才队伍来说,经过这几年的持续培养锻炼,一大批年轻的方言工作者迅速成长。2018 年年底,浙江省语言学会方言研究会成立时,会员人数已达到 60 多人,可以说目前是浙江省历史上方言研究力量最为强盛的时期。

这次"浙江方言资源典藏"丛书的编写出版,就是浙江省语保工程成果的一次大展示。全省 88 个方言调查点,一点一本,每本包含概况、语音、词汇、语法、话语、口头文化,体系已相当完备,同时还配有许多生动的图片和高质量的音像语料,显示出该丛书与时俱进的一面。尽管篇幅还稍显单薄,话语材料也没有全部转写成音标,但各个方言调查点(其中包括许多从未报道过的方言调查点)的基本面貌已经呈现出来了,这对于今后更加详细深入的研究来说,无疑奠定了一个很好的基础。特别值得一提的是,"浙江方言资源典藏"丛书是全国首个以省为单位编写出版的语言资源成果。

我最近提出了浙江方言工作的四大任务:队伍建设、调查研究、保护传承、开发应用。这四个方面有的处于起步阶段,有的尚处于基本空白的状态,可谓任重道远。方言及其文化的濒危和快速消亡无疑是令人痛心的,而这也是时代给我们方言工作者提出的一项不可推卸的课题。从调查研究的角度,可以说我们赶上了一个大有作为的历史机遇。只要抓住机遇,脚踏实地去干,我们一定能够共同书写出一部浙江方言文化的鸿篇巨制,为后人留下一笔丰厚的非物质文化遗产。在此,我也预祝浙江省的方言工作者能够继续推出更多更好的研究成果。

是为序。

中国语言资源保护研究中心主任　曹志耘

2018 年 12 月

前　言

　　"浙江方言资源典藏"丛书是"中国语言资源保护工程·浙江汉语方言调查"项目的成果汇编,是集体工作的结晶。

一、项目目标

　　"中国语言资源保护工程"是教育部、国家语言文字工作委员会2015年启动的以语言资源调查、保存、展示和开发利用等为核心的国家工程。首席专家为中国语言资源保护研究中心主任曹志耘教授。"中国语言资源保护工程·浙江汉语方言调查"项目负责人为浙江省教育厅语管处副处长、省语委办副主任李斌。"中国语言资源保护工程·浙江汉语方言调查"项目设77个方言调查点,浙江省在此基础上另增了11个方言调查点。本项目有如下目标:(1)记录以市、县(市、区)为代表点的方言;(2)以音像手段保存各地的方言。本项目设置的调查点覆盖了浙江的主要方言:吴方言、闽方言、徽方言和畬话。历史上对浙江汉语方言进行比较全面的调查,主要有两次:一次是1964—1966年的调查,调查的成果后来结集成《浙江省语言志》(上、下);另一次是2002—2005年的调查,后来出版了《汉语方言地图集》,但是语料并未出版。这次是第三次,与前两次相比,这次调查不仅利用了音像等现代化手段,而且覆盖面更广,每个市、县(市、区)用统一的调查材料至少调查一个地点;调查材料更加详尽细致,包括语音、词汇、语法、话语、口头文化等方面。

二、编纂缘起

在中国语言资源保护研究中心和浙江省语言文字工作委员会的领导和推动下,"中国语言资源保护工程·浙江汉语方言调查"项目进展顺利。浙江语言资源保护工程团队一致认为,调查成果对一般读者来说有一定的可读性,对语言学界来说具有重要的学术价值。在征得中国语言资源保护研究中心的同意后,项目负责人李斌开始积极推动和筹划出版"浙江方言资源典藏"丛书,并得到了浙江语言资源保护工程团队各位专家的热烈响应。叶晗教授积极联系出版社,最终确定由浙江大学出版社出版。

三、语料来源

"浙江方言资源典藏"丛书所有语料均来自浙江语言资源保护工程团队的实地调查,调查手册为《中国语言资源调查手册·汉语方言》(商务印书馆 2015 年 7 月第 1 版),调查内容包括方言的概况、语音、词汇、语法、话语、口头文化,以及地方普通话。考虑到地方普通话语料的特殊性,本丛书未予以收录。我们除了将浙江语言资源保护工程团队所调查的材料进行进一步核对之外,还补充了一些材料。语音部分调查了老年男性(正文中简称为"老男")以及青年男性(正文中简称为"青男")的音系和 1000 个单字音;词汇部分以老年男性为发音人,调查了 1200 个词语;语法部分以老年男性为发音人,调查了 50 个语法例句;话语部分分别调查了老年男性、老年女性(正文中简称为"老女")、青年男性、青年女性(正文中简称为"青女")各 20 分钟的话题讲述,以及上述发音人之间的 20 分钟的对话;口头文化部分调查了摄录时间不少于 20 分钟的规定故事、其他故事、歌谣和自选条目。

四、丛书体例

1.音系。按照方言学界惯例排列,声母按发音部位分行,按发音方法分列。韵母按四呼分列,按韵尾分行,同类型的韵母按主要元音开口度的大小分行。声调标调值。例字的白读音使用单下划线,文读音使用双下划线。零声母符号[ø]除用于音系外,实际标音一律省略;调值及送气符号"ʰ"须上标。

2.单字。按"果、假、遇、蟹、止、效、流、咸、深、山、臻、宕、江、曾、梗、通"十六摄排序,同摄先分开合口,再分一二三四等,摄、呼、等、韵相同再按"帮(非)、滂(敷)、並(奉)、明(微);端、透、定、泥(娘)、来,精、清、从、心、邪;知、彻、澄,庄、初、崇、生,章、昌、船、书、禅,日;见、溪、群、疑、晓、匣,影、云、以"三十六字母排序,摄、呼、等、韵、声相同再按中古"平、上、去、入"四声排序。

有文白异读则白读在前,文读在后,分别在音标后加注小字"白、文";自由变读在音标后注小字"又";口语不用,只用于书面语的注小字"读字"。

3.词汇。词条按意义范畴分类,按实际发音注音。连读调只记实际调值,不标单字调。儿化、小称音只记实际读音,不标出本音。其他音变也只记实际读音,不标本音。

用字一般使用现行规范字,有本字可用者一律使用本字,本字不明者用方言同音字,同时在该字右上角用上标"="标明。既无本字又无同音字的用方框"□"表示。一律不使用训读字,尽量不使用俗字。合音字尽量使用已有现成字形的字,例如"覅、嘦、剑"等;如方言无现成字形的合音字,用原形加"〔 〕"表示。"並、睊、煠、隉、盪"等异体字或繁体字是音韵学、方言学中具有特殊含义的专用字,本丛书予以保留。

一个词条有多种说法时,按常用度由高到低排序,用单竖线"|"间隔;各种说法的性质不同时,音标后加注小字"旧、新、儿、多、少、土、雅"等;一个词条无对应说法时,注明"(无)"。

4. 语法、话语、口头文化一律只记实际读音;方言转写使用楷体字,普通话译文使用宋体字。

5. 单字、词汇、语法例句及其释例基本依据《中国语言资源调查手册·汉语方言》。

本丛书使用国际音标标音,各种音标符号形体繁复,浙江大学出版社的编辑团队克服困难,精心编校,尽心尽力,是特别需要表示感谢的。

目　录

第一章　概　况

一、地理位置

遂昌县位于浙江西南部,地处北纬 28°13′～28°49′,东经118°41′～119°30′。东倚松阳、武义,南邻龙泉,西接江山和福建浦城,北与柯城、龙游、金华毗连。东西最大距离 78.7 公里,南北最大距离 66.8公里,总面积 2539 平方公里。全县辖 20 个乡、镇、街道(妙高、云峰、北界、大柘、石练、金竹、黄沙腰、新路湾、王村口、焦滩、应村、湖山、濂竹、高坪、蔡源、龙洋、西畈、垵口、柘岱口、三仁)。县人民政府驻地为妙高。

遂昌境内山地多,平原、丘陵少,有"九山半水半分田"之称。仙霞岭山脉横贯全境,呈中低山面貌,海拔千米以上山峰有 703 座,九龙山主峰为浙江省第四高峰。境内河流分属钱塘江、瓯江两大水系。气候属中亚热带季风类型,温暖湿润,四季分明,山地垂直气候差异明显。

遂昌境内在秦代已有居民,但户籍记载始见于明代。明景泰三年(1452)全县有 30230 人。明嘉靖四十一年(1562)有 24723 人,至清康熙五十年(1711)的 150 年间人口数量长期稳定。民国元年

(1912)有 99530 人。2010 年第六次全国人口普查统计的人口为 190165 人。民族以汉为主,少数民族占少数(其中畲族人口最多,第六次全国人口普查统计的畲族人口为 12983 人)。

二、历史沿革

遂昌县西周前属越,秦属会稽郡太末县。东汉末年建安二十三年(218)分太末南部地置遂昌县。三国吴赤乌二年(239)更名平昌,晋太康元年(280)复称遂昌。孙吴时的遂昌地域较广,约含今遂昌县和龙泉市、庆元县大部、金华原汤溪县部分地。唐乾元二年(759)析遂昌、松阳地置龙泉县。明成化八年(1472)析遂昌县桃源乡八都、九都与龙游、金华、兰溪县部分地合置汤溪县。1958 年撤销松阳县,全部并入遂昌县,是时,总面积 3946 平方公里。1982 年遂昌、松阳两县分治,至今。遂昌建县后先后属会稽郡、东阳郡、缙云郡、处州府、衢州专署、金华地区、丽水地区,现属丽水市(地级)。历代县治均在妙高。

三、方言概况

遂昌话是遂昌全境通用方言,属吴语区上丽片丽水小片。此外,遂昌还分布着历代迁入的移民带来的外来方言,主要有客家话、赣语、南京话、淳安话、景宁话等。其中,使用人口较多的外来方言主要是客家话和赣语。境内畲族人使用的母语是畲话。

客家话(俗称"福建腔")主要源于闽西上杭等地的移民,据载已有 400 多年的历史,主要分布在北界、应村、高坪、新路湾、金竹、西畈、王村口、龙洋、黄沙腰等乡镇。

赣语(俗称"江西话")主要分布在西畈乡。

南京话只见于西畈乡。

淳安话(俗称"新安江话")源于 1962 年开始迁入的新安江水电站移民,属徽语,主要分布在妙高、石练、云峰、新路湾,形成淳安方言群岛。

景宁话源于 2004 年开始迁入的滩坑水电站移民,属吴语区上丽片丽水小片,主要分布在石练、云峰。

除新近迁入的景宁移民外,其他移民一般都会说遂昌话或带有原本腔调的遂昌话。①

四、发音人简介

姓名	性别	出生年月	文化程度	职业	出生地
郭雄飞	男	1961 年 5 月	大专	会计	妙高东街
李桂飞	女	1951 年 7 月	初中	工人	妙高南街
江 汇	男	1988 年 9 月	大专	公司职员	妙高东街
应 瑛	女	1981 年 11 月	本科	公司职员	妙高东街

五、常用方言词

渠　　$g\gamma^{221}$　　　　第三人称代词单数,他:～姓张。

弗　　$f\partial w\Omega^5$　　　　副词,不:我～去。

麉　　$v\tilde{\varepsilon}^{221}$　　　　副词,没有,不曾:～去过。

---

①　以上三部分参考资料:《遂昌县志》(浙江人民出版社 1996 年版)和遂昌县人民政府官方网站。

赠	fei^{45}	副词，不会：～错个。
乙$^{=}$	iʔ^{5}	代词，这：～个。
赫$^{=}$	xaʔ^{5}	代词，那：～个。
盪$^{=}$	dɔŋ^{13}	名词，表示方位、处所，相当于普通话的"……里"：乙$^{=}$～｜赫$^{=}$～。
赫$^{=}$便	xaʔ^{5} bɛʔ^{0}	连词，那么：～先讲讲乙$^{=}$个红曲。
哪西	naʔ^{23} ɕiɛ^{334}	代词，什么：做～。
亨$^{=}$	xaŋ^{45}	代词，这么：～贵！
险	ɕiɛ̃^{533}	后置词，很：天热～。
添	tʰiɛ̃^{45}	后置词，再：咥了一碗饭，再咥碗～。
个	kɛʔ^{0}	助词、语气词，相当于普通话"的"：我～｜好～。
帮	pɔŋ^{45}	①动词，帮助：我～你拖地。②介词，把：你～碗洗记儿。
乞	kʰaʔ^{5}	①动词，给：～你一本书。②介词，被：帽～风吹去了。
□	naŋ^{45}	①动词，拿：～到手上。②介词，被：～山挡了。
唻	lɛ^{0}	语气词，相当于普通话"呢"：赫$^{=}$个卖药个骗了渠一千块钞票～。

第二章 语 音

一、音 系

(一)老男音系

1. 声母(28个,包括零声母在内)

p 八兵	pʰ 派片	b 爬病	m 麦明味问	f 飞风副蜂	v 肥饭
t 多东张竹	tʰ 讨天	d 甜毒	n 脑南		l 老蓝连路
ts 资早租装	tsʰ 草寸拆抄初	dz 茶赚		s 丝三酸山	z 字贼坐祠事
tɕ 酒争纸主九	tɕʰ 刺清抽车春手轻	dʑ 柱共权	ȵ 年泥热软月	ɕ 想双书响	ʑ 全谢床船顺十城
k 高谷	kʰ 开壳	g 共近	ŋ 熬五	x 好灰	
Ø 活县安温王云用药					

说明:

(1)全浊声母实为清音浊流。

(2)零声母音节的起始部分有明显的紧喉摩擦成分。

2. 韵母(50个)

ɿ 戏四	i 米二飞	u 歌坐过饱豆走	y 醉贵吹
	iu 师试		
a 排鞋		ua 快外	
ɑ 茶牙瓦猪	iɑ 靴写	uɑ 画华	
ɤ 师丝	iɛ 鸡溪	uə 苦五	yɤ 雨书
ei 开赔对		uei 鬼灰	
əu 宝好	iəu 笑桥		yəu 瘦馊
ɤu 藕	iu 油牛		
ɛ̃ 南半短根寸	iɛ̃ 盐年	uɛ̃ 官旱	yɛ̃ 深权
aŋ 山饭	iaŋ 响硬争	uaŋ 弯惊	yaŋ 横
əŋ 争东	iŋ 心新灯升病星	uəŋ 滚	yŋ 春云
ɔŋ 糖讲	iɔŋ 床王双兄用		
əuʔ 色谷六	iuʔ 叔竹		
	iʔ 急七一直尺锡		yʔ 橘甩
aʔ 塔鸭法辣八	iaʔ 药白	uaʔ 活刮	yaʔ 划
ɛʔ 盒刻	iɛʔ 接贴热节	uɛʔ 骨国	yɛʔ 十月出
ɔʔ 托郭壳学北	iɔʔ 绿局	uɔʔ 有或	

说明：

(1)[ɒ]拼[k]组声母时有时有[u]介音。

(2)[a][aŋ][aʔ]三行韵母中的[a]实际读音是[A]。

(3)[iɛ][iɛ̃][iɛʔ]三行韵母中的[ɛ]接近[ɛ]。

(4)鼻尾[ŋ]的发音部位介于[n]和[ŋ]之间。

3. 声调(8个)

阴平	45	东该灯风通开天春
阳平	221	门龙牛油铜皮糖红
阴上	533	懂古鬼九统苦讨草
阳上	13	买老五懒动罪近后
阴去	334	冻怪半四痛快寸去
阳去	213	卖路硬乱洞地饭树
阴入	5	谷百搭节急哭拍塔切刻
阳入	23	六麦叶月毒白盒罚

说明：

(1)阳平[221]以平为主。

(2)阴上[533]以降为主。

(3)阳去[213]以降为主。

(4)阳入[23]为短促调。

4. 两字组连读变调规律

遂昌方言两字组的连读变调规律见下表。表中首列为前字本调,首行为后字本调;每一格的第一行是两字组的本调组合,第二行是连读调,若连读调与单字调相同,则此处空白,第三行为例词。同一两字组若有两种以上的变调,则以横线分隔。

遂昌方言两字组连读变调表

前字＼后字	阴平 45	阳平 221	阴上 533	阳上 13	阴去 334	阳去 213	阴入 5	阳入 23
阴平 45	45 45 / 33 天光	45 221 / 55 213 清明 45 221 / 55 开门	45 533 / 33 身体	45 13 / 55 公社 45 13 / 55 213 招待	45 334 / 55 车票	45 213 / 55 车站	45 5 / 33 工作	45 23 / 33 生日
阳平 221	221 45 / 21 农村 221 45 / 22 骑车	221 221 / 22 213 眉毛 221 221 / 22 农民	221 533 / 13 牙齿 221 533 / 22 团长	221 13 / 21 朋友	221 334 / 22 驼背	221 213 / 22 名字	221 5 / 21 头发	221 23 / 21 茶叶 221 23 / 22 同学
阴上 533	533 45 / 53 打针	533 221 / 53 水池 533 221 / 33 倒霉	533 533 / 33 水果 533 533 / 53 手表	533 13 / 53 起码	533 334 / 53 水库	533 213 / 55 手艺	533 5 / 53 赌博	533 23 / 53 5 体育 533 23 / 53 死活
阳上 13	13 45 / 21 老师 221 45 / 22 坐车	13 221 老婆	13 533 老板	13 13 / 22 犯罪 13 13 / 21 道理 13 13 / 53 养老 13 13 远近	13 334 / 22 买票 221 334 / 13 满意	13 213 社会	13 5 / 21 道德 13 5 满足	13 23 / 21 技术

续表

后字／前字	阴平 45	阳平 221	阴上 533	阳上 13	阴去 334	阳去 213	阴入 5	阳入 23
阴去 334	334 45 / 53 汽 车 334 45 / 33 唱 歌	334 221 / 33 过 年	334 533 / 33 报 纸	334 13 / 33 送 礼	334 334 / 33 种 菜	334 213 / 55 孝 顺	334 5 / 33 建 设	334 23 / 33 中 毒
阳去 213	213 45 / 22 认 真 213 45 / 21 地 方	213 221 / 22 调 查 213 221 / 13 大 门	213 533 / 13 户 口	213 13 / 22 味 道 213 13 / 13 213 地 道 213 13 / 21 大 雨	213 334 / 22 饭 店 213 334 / 13 位 置	213 213 / 22 大 路 213 213 / 13 电 话	213 5 / 21 办 法	213 23 / 21 树 叶
阴入 5	5 45 / 3 国 家	5 221 / 3 骨 头	5 533 / 3 黑 板	5 13 谷 雨	5 334 出 去	5 213 铁 路	5 5 / 3 节 约	5 23 节 日
阳入 23	23 45 / 2 读 书	23 221 肉 皮	23 533 日 子	23 13 / 2 十 五	23 334 白 菜	23 213 木 匠	23 5 / 2 蜡 烛	23 23 / 2 学 习

说明：

遂昌方言两字组连读变调一般是前字变，后字不变。具体如下：

(1)阳平[221]作前字时常读作[22]。

(2)阴上[533]作前字时常读作[53]。

(3)阴去[334]作前字时常读作[33]。

(4)阳去[213]作后字时常读作[21]。

(5)助词"了""罢"、后缀"子"、量词"个"等常读作轻声[0]。轻声不列入上表。

5.儿化、小称音变规律

遂昌话的小称音形式主要为儿尾小称,"儿"自成音节,但意思上并非指小。例如:

猫儿[miɐu²² n̠iɛ²¹³]

兔儿[tʰuə³³ n̠iɛ²²¹]

小农儿[ɕiɐu³³ nən²² n̠iɛ²¹³]

(二)青男音系

1.声母(28个,包括零声母在内)

p 八兵	pʰ 派片	b 爬病	m 麦明味问	f 飞风副蜂	v 肥饭
t 多东张竹	tʰ 讨天	d 甜毒	n 脑南		l 老蓝连路
ts 资早租装	tsʰ 草寸拆抄初	dz 茶赚		s 丝三酸山	z 字贼坐祠事
tɕ 酒争纸主九	tɕʰ 刺清抽车春手轻	dʑ 柱共权	n̠ 年泥热软月	ɕ 想双书响	ʑ 全谢床船顺十城
k 高谷	kʰ 开壳	g 共近	ŋ 熬五	x 好灰	
∅ 活县安温王云用药					

说明:

(1)全浊声母实为清音浊流。

(2)零声母音节的起始部分有明显的紧喉摩擦成分。

2. 韵母（49 个）

ɿ 戏四	i 米二飞	u 歌过饱	y 醉贵吹
	iu 师试		
a 排鞋		ua 快外	
ɒ 茶牙瓦猪	iɒ 写车	uɒ 画华	
ɤ 师丝	iɛ 鸡溪	uə 苦五	yɤ 雨书
ei 开赔对		uei 鬼灰	
ɐɯ 宝好	iɐɯ 笑桥		
əɯ 坐豆走	iɯ 油牛		
ɛ̃ 南半短根寸	iɛ̃ 盐年	uɛ̃ 官温	yɛ̃ 深权
aŋ 山饭	iaŋ 响硬争	uaŋ 弯梗	yaŋ 横
əŋ 争东	iŋ 心新灯升病星	uəŋ 滚困	yŋ 春云
ɔŋ 糖讲	iɔŋ 床王双兄用		
əuʔ 色谷六	iuʔ 叔竹		
	iʔ 急七一直尺锡		yʔ 律惜
aʔ 塔鸭法辣八	iaʔ 药白	uaʔ 活刮	yaʔ 划
ɛʔ 盒刻	iɛʔ 接贴热节	uɛʔ 骨国	yɛʔ 靴十月出
ɔʔ 托郭壳学北	iɔʔ 绿局	uɔʔ 有或	

说明：

(1)[ɒ]拼[k]组声母时有时有[u]介音。

(2)[a][aŋ][aʔ]三行韵母中的[a]实际读音是[ʌ]。

(3)[iɛ][iɛ̃][iɛʔ]三行韵母中的[ɛ]接近[ɛ]。

(4)鼻尾[ŋ]的发音部位介于[n]和[ŋ]之间。

3. 声调（8个）

阴平	45	东该灯风通开天春
阳平	221	门龙牛油铜皮糖红
阴上	533	懂古鬼九统苦讨草
阳上	13	买老五懒动罪近后
阴去	334	冻怪半四痛快寸去
阳去	313	卖路硬乱洞地饭树
阴入	5	谷百搭节急哭拍塔切刻
阳入	23	六麦叶月毒白盒罚

说明：

（1）阳平［221］以平为主。

（2）阴上［533］以降为主。

（3）阳去［313］以降为主。

（4）阳入［23］为短促调。

二、单　字

编号	单　字	音韵地位	老男音	青男音
0001	多	果开一平歌端	tu⁴⁵	təɯ⁴⁵
0002	拖	果开一平歌透	tʰa⁴⁵白 tʰu⁴⁵文	tʰa⁴⁵白 tʰəɯ⁴⁵文
0003	大~小	果开一去歌定	du²¹³	dəɯ³¹³
0004	锣	果开一平歌来	lu²²¹	ləɯ²²¹
0005	左	果开一上歌精	tsu⁵³³	tsuə⁵³³
0006	歌	果开一平歌见	ku⁴⁵	ku⁴⁵

续表

编号	单 字	音韵地位	老男音	青男音
0007	个	果开一去歌见	ku³³⁴白 kei³³⁴文	ku³³⁴白 kei³³⁴文
0008	可	果开一上歌溪	kʰu⁵³³	kʰu⁵³³
0009	鹅	果开一平歌疑	ŋu²²¹	ŋu²²¹
0010	饿	果开一去歌疑	ŋei²¹³	ŋei³¹³
0011	河	果开一平歌匣	u²²¹	u²²¹
0012	茄	果开三平戈群	dʑiɒ²²¹	dʑiɒ²²¹
0013	破	果合一去戈滂	pʰa³³⁴白 pʰu³³⁴文	pʰa³³⁴白 pʰu³³⁴文
0014	婆	果合一平戈并	bu²²¹	bu²²¹
0015	磨动词	果合一平戈明	mu²²¹	mu²²¹
0016	磨名词	果合一去戈明	mu²¹³	mu³¹³
0017	躲	果合一上戈端	tiu⁴⁵	tiu⁴⁵
0018	螺	果合一平戈来	lu²²¹	lu²²¹
0019	坐	果合一上戈从	zu¹³	zəɯ¹³
0020	锁	果合一上戈心	su⁵³³	səɯ⁵³³
0021	果	果合一上戈见	ku⁵³³	ku⁵³³
0022	过~来	果合一去戈见	ku³³⁴	ku³³⁴
0023	课	果合一去戈溪	kʰu³³⁴	kʰu³³⁴
0024	火	果合一上戈晓	xu⁵³³	xu⁵³³
0025	货	果合一去戈晓	xu³³⁴	xu³³⁴
0026	祸	果合一上戈匣	u²¹³	xuə³³⁴
0027	靴	果合三平戈晓	ɕiɒ⁴⁵旧 ɕyɛʔ⁵新	ɕyɛʔ⁵
0028	把量词	假开二上麻帮	pu⁵³³	pɒ⁵³³

续表

编号	单　字	音韵地位	老男音	青男音
0029	爬	假开二平麻並	$b\upsilon^{221}$	$b\upsilon^{221}$
0030	马	假开二上麻明	$m\upsilon^{13}$	$m\upsilon^{13}$
0031	骂	假开二去麻明	$m\upsilon^{13}$	（无）
0032	茶	假开二平麻澄	$dz\upsilon^{221}$	$dz\upsilon^{221}$
0033	沙	假开二平麻生	sa^{45}	sa^{45}
0034	假真~	假开二上麻见	$k\upsilon^{533}$	$k\upsilon^{533}$
0035	嫁	假开二去麻见	$i\upsilon^{334}$	$i\upsilon^{334}$
0036	牙	假开二平麻疑	$\eta\upsilon^{221}$	$\eta\upsilon^{221}$
0037	虾	假开二平麻晓	xu^{45}	xu^{45}
0038	下方位词	假开二上麻匣	$i\upsilon^{13}$	$i\upsilon^{13}$
0039	夏春~	假开二去麻匣	υ^{213}	υ^{533}
0040	哑	假开二上麻影	u^{533}	υ^{533}
0041	姐	假开三上麻精	（无）	（无）
0042	借	假开三去麻精	$t\varphi i\upsilon^{334}$	$t\varphi i\upsilon^{334}$
0043	写	假开三上麻心	$\varphi i\upsilon^{533}$	$\varphi i\upsilon^{533}$
0044	斜	假开三平麻邪	$z i\upsilon^{221}$	$z i\upsilon^{221}$
0045	谢	假开三去麻邪	$z i\upsilon^{213}$	$z i\upsilon^{313}$
0046	车~辆	假开三平麻昌	$t\varphi^h i\upsilon^{45}$	$t\varphi^h i\upsilon^{45}$
0047	蛇	假开三平麻船	$z i\upsilon^{221}$	$z i\upsilon^{221}$
0048	射	假开三去麻船	$z i\upsilon^{213}$	$z i\upsilon^{313}$
0049	爷	假开三平麻以	iu^{221}	iu^{221}白 $i\upsilon^{221}$文
0050	野	假开三上麻以	$i\upsilon^{13}$	$i\upsilon^{13}$
0051	夜	假开三去麻以	$i\upsilon^{213}$	$i\upsilon^{313}$

续表

编号	单　字	音韵地位	老男音	青男音
0052	瓜	假合二平麻见	kɒ⁴⁵	kɒ⁴⁵
0053	瓦名词	假合二上麻疑	ŋɒ¹³	ŋɒ¹³
0054	花	假合二平麻晓	xɒ⁴⁵	xɒ⁴⁵
0055	化	假合二去麻晓	xɒ³³⁴	xɒ³³⁴
0056	华中~	假合二平麻匣	uɒ²²¹	uɒ²²¹
0057	谱家~	遇合一上模帮	pʰuə⁵³³	pʰuə⁵³³
0058	布	遇合一去模帮	puə³³⁴	puə³³⁴
0059	铺动词	遇合一平模滂	pʰuə⁴⁵	pʰuə⁴⁵
0060	簿	遇合一上模并	buə¹³	buə¹³
0061	步	遇合一去模并	buə²¹³	buə³¹³
0062	赌	遇合一上模端	tuə⁵³³	tuə⁵³³
0063	土	遇合一上模透	tʰuə⁵³³	tʰuə⁵³³
0064	图	遇合一平模定	duə²²¹	duə²²¹
0065	杜	遇合一上模定	duə¹³	duə³¹³
0066	奴	遇合一平模泥	nu²²¹	nu²²¹
0067	路	遇合一去模来	luə²¹³	luə³¹³
0068	租	遇合一平模精	tsuə⁴⁵	tsuə⁴⁵
0069	做	遇合一去模精	tsu³³⁴	tsu³³⁴
0070	错对~	遇合一去模清	tsʰu³³⁴	tsʰu³³⁴
0071	箍~桶	遇合一平模见	kʰuə⁴⁵	kʰuə⁴⁵
0072	古	遇合一上模见	kuə⁵³³	kuə⁵³³
0073	苦	遇合一上模溪	kʰuə⁵³³	kʰuə⁵³³
0074	裤	遇合一去模溪	kʰuə³³⁴	kʰuə³³⁴
0075	吴	遇合一平模疑	ŋuə²²¹	ŋuə²²¹

续表

编号	单　字	音韵地位	老男音	青男音
0076	五	遇合一上模疑	ŋuə¹³	ŋuə¹³
0077	虎	遇合一上模晓	xuə⁵³³	xuə⁵³³
0078	壶	遇合一平模匣	uə²²¹	uə²²¹
0079	户	遇合一上模匣	uə¹³	uə¹³
0080	乌	遇合一平模影	uə⁴⁵	uə⁴⁵
0081	女	遇合三上鱼泥	ȵyɛ¹³	ȵyɛ¹³
0082	吕	遇合三上鱼来	lyɛ¹³	lyɛ¹³
0083	徐	遇合三平鱼邪	zyɛ²²¹	zyɛ²²¹
0084	猪	遇合三平鱼知	tɒ⁴⁵	tɒ⁴⁵
0085	除	遇合三平鱼澄	dʑyɛ²²¹	dʑyɛ²²¹
0086	初	遇合三平鱼初	tɕʰiu⁴⁵白 tsʰuə⁴⁵文	tɕʰiu⁴⁵白 tsʰuə⁴⁵文
0087	锄	遇合三平鱼崇	zɒ²²¹	zɒ²²¹
0088	所	遇合三上鱼生	su⁵³³	su⁵³³
0089	书	遇合三平鱼书	ɕyɛ⁴⁵	ɕyɛ⁴⁵
0090	鼠	遇合三上鱼书	tɕʰiɛ⁵³³	tɕʰiɛ⁵³³
0091	如	遇合三平鱼日	ȵyɛ²²¹	lu²²¹
0092	举	遇合三上鱼见	tɕyɛ⁵³³	tɕyɛ⁵³³
0093	锯名词	遇合三去鱼见	kɤ³³⁴	kɤ³³⁴
0094	去	遇合三去鱼溪	kʰɤ³³⁴	kʰɤ³³⁴
0095	渠~道	遇合三平鱼群	dʑyɛ²²¹白 dʑy²²¹文	dʑyɛ²²¹
0096	鱼	遇合三平鱼疑	ŋɤ²²¹	ŋɤ²²¹
0097	许	遇合三上鱼晓	ɕyɛ⁵³³	ɕyɛ⁵³³
0098	余剩~,多~	遇合三平鱼以	yɛ²²¹	yɛ²²¹

续表

编号	单 字	音韵地位	老男音	青男音
0099	府	遇合三上虞非	fuə⁵³³	fuə⁵³³
0100	付	遇合三去虞非	fuə³³⁴	fuə³³⁴
0101	父	遇合三上虞奉	vuə¹³	vuə¹³
0102	武	遇合三上虞微	muə¹³	muə¹³
0103	雾	遇合三去虞微	muə²¹³	muə³¹³
0104	取	遇合三上虞清	tɕʰyɛ⁵³³	tɕʰyɛ⁵³³
0105	柱	遇合三上虞澄	dʐyɛ¹³	dʐyɛ¹³
0106	住	遇合三去虞澄	dʐyɛ¹³	dʐyɛ³¹³
0107	数动词	遇合三上虞生	（无）	（无）
0108	数名词	遇合三去虞生	suə³³⁴	suə³³⁴
0109	主	遇合三上虞章	tɕyɛ⁵³³	tɕyɛ⁵³³
0110	输	遇合三平虞书	ɕyɛ⁴⁵	ɕyɛ⁴⁵
0111	竖	遇合三上虞禅	zyɛ¹³	zyɛ¹³
0112	树	遇合三去虞禅	dʑiɯ²¹³	dʑiɯ³¹³
0113	句	遇合三去虞见	kɤ³³⁴	kɤ³³⁴
0114	区地~	遇合三平虞溪	tɕʰyɛ⁴⁵	tɕʰyɛ⁴⁵
0115	遇	遇合三去虞疑	yɛ²¹³	yɛ³¹³
0116	雨	遇合三上虞云	yɛ¹³	yɛ¹³
0117	芋	遇合三去虞云	yɛ²¹³	yɛ³¹³
0118	裕	遇合三去虞以	yɛ²¹³	yɛ³¹³
0119	胎	蟹开一平咍透	tʰei⁴⁵	tʰei⁴⁵
0120	台戏~	蟹开一平咍定	dei²²¹	dei²²¹
0121	袋	蟹开一去咍定	dei²¹³	dei³¹³
0122	来	蟹开一平咍来	lei²²¹	lei²²¹

续表

编号	单　字	音韵地位	老男音	青男音
0123	菜	蟹开一去咍清	tsʰei³³⁴	tsʰei³³⁴
0124	财	蟹开一平咍从	zei²²¹	zei²²¹
0125	该	蟹开一平咍见	kei⁴⁵	kei⁴⁵
0126	改	蟹开一上咍见	kei⁵³³	kei⁵³³
0127	开	蟹开一平咍溪	kʰei⁴⁵	kʰei⁴⁵
0128	海	蟹开一上咍晓	xei⁵³³	xei⁵³³
0129	爱	蟹开一去咍影	ei³³⁴	ei³³⁴
0130	贝	蟹开一去泰帮	pei³³⁴	pei³³⁴
0131	带 动词	蟹开一去泰端	ta³³⁴	ta³³⁴
0132	盖 动词	蟹开一去泰见	ka³³⁴	ka³³⁴
0133	害	蟹开一去泰匣	ei²¹³	ei³¹³
0134	拜	蟹开二去皆帮	pa³³⁴	pa³³⁴
0135	排	蟹开二平皆并	ba²²¹	ba²²¹
0136	埋	蟹开二平皆明	ma²²¹	ma²²¹
0137	戒	蟹开二去皆见	ka³³⁴	ka³³⁴
0138	摆	蟹开二上佳帮	pa⁵³³	pa⁵³³
0139	派	蟹开二去佳滂	pʰa³³⁴	pʰa³³⁴
0140	牌	蟹开二平佳并	ba²²¹	ba²²¹
0141	买	蟹开二上佳明	ma¹³	ma¹³
0142	卖	蟹开二去佳明	ma²¹³	ma³¹³
0143	柴	蟹开二平佳崇	za²²¹	za²²¹
0144	晒	蟹开二去佳生	sɒ³³⁴	sɒ³³⁴
0145	街	蟹开二平佳见	ka⁴⁵	ka⁴⁵
0146	解 ～开	蟹开二上佳见	ka⁵³³	ka⁵³³

续表

编号	单 字	音韵地位	老男音	青男音
0147	鞋	蟹开二平佳匣	a²²¹	a²²¹
0148	蟹	蟹开二上佳匣	xa⁵³³	xa⁵³³
0149	矮	蟹开二上佳影	a⁵³³	a⁵³³
0150	败	蟹开二去夬並	ba²¹³	ba³¹³
0151	币	蟹开三去祭並	bi²¹³	bi³¹³
0152	制～造	蟹开三去祭章	tɕiɛ³³⁴	tɕiɛ³³⁴
0153	世	蟹开三去祭书	ɕiɛ³³⁴	ɕiɛ³³⁴
0154	艺	蟹开三去祭疑	n̠i²¹³	n̠i³¹³
0155	米	蟹开四上齐明	mi¹³	miɛ¹³
0156	低	蟹开四平齐端	tiɛ⁴⁵	tiɛ⁴⁵
0157	梯	蟹开四平齐透	tʰei⁴⁵ 白 tʰi⁴⁵ 文	tʰei⁴⁵ 白 tʰiɛ⁴⁵ 文
0158	剃	蟹开四去齐透	tʰiɛ³³⁴	tʰiɛ³³⁴
0159	弟	蟹开四上齐定	diɛ¹³	diɛ¹³
0160	递	蟹开四去齐定	diɛ²¹³ 白 di²¹³ 文	diɛ³¹³
0161	泥	蟹开四平齐泥	n̠in²²¹	n̠in²²¹
0162	犁	蟹开四平齐来	li²²¹	li²²¹
0163	西	蟹开四平齐心	ɕiɛ⁴⁵	ɕiɛ⁴⁵
0164	洗	蟹开四上齐心	ɕiɛ⁵³³	ɕiɛ⁵³³
0165	鸡	蟹开四平齐见	iɛ⁴⁵	iɛ⁴⁵
0166	溪	蟹开四平齐溪	tɕʰiɛ⁴⁵	tɕʰiɛ⁴⁵
0167	契	蟹开四去齐溪	tɕʰiɛ³³⁴	tsʰʅ³³⁴
0168	系联～	蟹开四去齐匣	iɛ³³⁴ 白 ɕiɛ³³⁴ 文	iɛ³³⁴ 白 ɕiɛ³³⁴ 文

续表

编号	单　字	音韵地位	老男音	青男音
0169	杯	蟹合一平灰帮	pei^{45}	pei^{45}
0170	配	蟹合一去灰滂	pʰei^{334}	pʰei^{334}
0171	赔	蟹合一平灰並	bei^{221}	bei^{221}
0172	背~诵	蟹合一去灰並	bei^{213}	bei^{313}
0173	煤	蟹合一平灰明	mei^{221}	mei^{221}
0174	妹	蟹合一去灰明	mei^{213}	mei^{313}
0175	对	蟹合一去灰端	tei^{334}	tei^{334}
0176	雷	蟹合一平灰来	lei^{221}	lei^{221}
0177	罪	蟹合一上灰从	zei^{13}	zei^{13}
0178	碎	蟹合一去灰心	sei^{533}	sei^{533}
0179	灰	蟹合一平灰晓	xuei^{45}	xuei^{45}
0180	回	蟹合一平灰匣	uei^{221}	uei^{221}
0181	外	蟹合一去泰疑	ua^{213}	ua^{313}
0182	会开~	蟹合一去泰匣	uei^{213}	uei^{313}
0183	怪	蟹合二去皆见	kua^{334}	kua^{334}
0184	块	蟹合一去皆溪	kʰuei^{334}	kʰuei^{334}
0185	怀	蟹合二平皆匣	ua^{221}	ua^{221}
0186	坏	蟹合二去皆匣	ua^{213}	ua^{313}
0187	拐	蟹合二上佳见	kua^{533}	kua^{533}
0188	挂	蟹合二去佳见	kɒ^{334}	kɒ^{334}
0189	歪	蟹合二平佳晓	ua^{45}	ua^{45}
0190	画	蟹合二去佳匣	uɒ^{213}	uɒ^{313}
0191	快	蟹合二去夬溪	kʰua^{334}	kʰua^{334}
0192	话	蟹合二去夬匣	u^{213}	u^{313}

续表

编号	单　字	音韵地位	老男音	青男音
0193	岁	蟹合三去祭心	ɕyɛ³³⁴	ɕyɛ³³⁴
0194	卫	蟹合三去祭云	uei²¹³	uei³¹³
0195	肺	蟹合三去废敷	fiɛ³³⁴	fi³³⁴
0196	桂	蟹合四去齐见	kuei³³⁴	kuei³³⁴
0197	碑	止开三平支帮	pei⁴⁵	pei⁴⁵
0198	皮	止开三平支並	bi²²¹	bi²²¹
0199	被～子	止开三上支並	bi¹³	bi¹³
0200	紫	止开三上支精	tsɣ⁵³³	tsɣ⁵³³
0201	刺	止开三去支清	tɕʰiɛ³³⁴白 tsʰʐ³³⁴文	tɕʰiɛ³³⁴白 tsʰʐ³³⁴文
0202	知	止开三平支知	tsʐ⁴⁵	tsʐ⁴⁵
0203	池	止开三平支澄	dzʐ²²¹	dzʐ²²¹
0204	纸	止开三上支章	tɕiɛ⁵³³	tɕiɛ⁵³³
0205	儿	止开三平支日	ȵiɛ²²¹	ȵiɛ²²¹
0206	寄	止开三去支见	tsʐ³³⁴	tsʐ³³⁴
0207	骑	止开三平支群	dzʐ²²¹	dzʐ²²¹
0208	蚁	止开三上支疑	ŋa¹³	ŋa¹³
0209	义	止开三去支疑	ȵi²¹³	ȵi³¹³
0210	戏	止开三去支晓	sʐ³³⁴	sʐ³³⁴
0211	移	止开三平支以	iɛ²²¹	iɛ²²¹
0212	比	止开三上脂帮	pi⁵³³	pi⁵³³
0213	屁	止开三去脂滂	pʰi³³⁴	pʰi³³⁴
0214	鼻	止开三去脂並	biʔ²³	biʔ²³
0215	眉	止开三平脂明	mi²²¹	mi²²¹

续表

编号	单　字	音韵地位	老男音	青男音
0216	地	止开三去脂定	di²¹³	di³¹³
0217	梨	止开三平脂来	li²²¹	li²²¹
0218	资	止开三平脂精	tsʅ⁴⁵	tsʅ⁴⁵
0219	死	止开三上脂心	sɤ⁵³³	sɤ⁵³³
0220	四	止开三去脂心	sʅ³³⁴	sʅ³³⁴
0221	迟	止开三平脂澄	dzʅ²²¹	dzʅ²²¹
0222	师	止开三平脂生	ɕiu⁴⁵ 白 sɤ⁴⁵ 文 sʅ⁴⁵ 文	ɕiu⁴⁵ 白 sɤ⁴⁵ 文
0223	指	止开三上脂章	tsʅ⁵³³	tsʅ⁵³³
0224	二	止开三去脂日	n̠i²¹³	n̠i³¹³
0225	饥～饿	止开三平脂见	kei⁴⁵	kei⁴⁵
0226	器	止开三去脂溪	tsʰʅ³³⁴	tsʰʅ³³⁴
0227	姨	止开三平脂以	i²²¹	i²²¹
0228	李	止开三上之来	li¹³	liɛ¹³
0229	子	止开三上之精	tsɤ⁵³³	tsɤ⁵³³
0230	字	止开三去之从	zɤ²¹³	zɤ³¹³
0231	丝	止开三平之心	sɤ⁴⁵	sɤ⁴⁵
0232	祠	止开三平之邪	zɤ²²¹	zɤ²²¹
0233	寺	止开三去之邪	zɤ²¹³	zɤ¹³
0234	治	止开三去之澄	dzʅ²¹³	dzʅ³¹³
0235	柿	止开三上之崇	ʑiu¹³	ʑiu¹³
0236	事	止开三去之崇	zuə²¹³	zuə³¹³
0237	使	止开三上之生	sʅ⁵³³	sʅ⁵³³

续表

编号	单 字	音韵地位	老男音	青男音
0238	试	止开三去之书	ɕiu³³⁴白 sʅ³³⁴文	ɕiu³³⁴白 sʅ³³⁴文
0239	时	止开三平之禅	ʑiu²²¹白 zʅ²²¹文	ʑiu²²¹白 zʅ²²¹文
0240	市	止开三上之禅	zʅ¹³	zʅ¹³
0241	耳	止开三上之日	ȵi¹³	ȵi¹³
0242	记	止开三去之见	tsʅ³³⁴	tsʅ³³⁴
0243	棋	止开三平之群	dzʅ²²¹	dzʅ²²¹
0244	喜	止开三上之晓	sʅ⁵³³	sʅ⁵³³
0245	意	止开三去之影	i³³⁴	i³³⁴
0246	几~个	止开三上微见	kei⁵³³	kei⁵³³
0247	气	止开三去微溪	kʰei⁵³³白 tsʰʅ³³⁴文	kʰei⁵³³白 tsʰʅ³³⁴文
0248	希	止开三平微晓	sʅ⁴⁵	sʅ⁴⁵
0249	衣	止开三平微影	i⁴⁵	i⁴⁵
0250	嘴	止合三上支精	tɕy⁵³³	tɕy⁵³³
0251	随	止合三平支邪	zy²²¹	zy²²¹
0252	吹	止合三平支昌	tɕʰy⁴⁵	tɕʰy⁴⁵
0253	垂	止合三平支禅	dzy²²¹	dzy²²¹
0254	规	止合三平支见	kuei⁴⁵	kuei⁴⁵
0255	亏	止合三平支溪	kʰuei⁴⁵	kʰuei⁴⁵
0256	跪	止合三上支群	dzy¹³	dzy¹³
0257	危	止合三平支疑	uei²²¹	uei⁴⁵
0258	类	止合三去脂来	lei²¹³	lei³¹³
0259	醉	止合三去脂精	tɕy³³⁴	tɕy³³⁴

续表

编号	单 字	音韵地位	老男音	青男音
0260	追	止合三平脂知	tɕy⁴⁵	tɕy⁴⁵
0261	锤	止合三平脂澄	dʐy²²¹	dʐy²²¹
0262	水	止合三上脂书	ɕy⁵³³	ɕy⁵³³
0263	龟	止合三平脂见	tɕy⁴⁵白 kuei⁴⁵文	tɕy⁴⁵白 kuei⁴⁵文
0264	季	止合三去脂见	tɕy³³⁴	tɕi³³⁴
0265	柜	止合三去脂群	dʐy¹³	guei¹³
0266	位	止合三去脂云	uei²¹³	uei³¹³
0267	飞	止合三平微非	fi⁴⁵	fi⁴⁵
0268	费	止合三去微敷	fiɛ³³⁴	fi³³⁴
0269	肥	止合三平微奉	vi²²¹	vi²²¹
0270	尾	止合三上微微	miʔ²³	miʔ²³
0271	味	止合三去微微	mi²¹³	mi³¹³
0272	鬼	止合三上微见	kuei⁵³³	kuei⁵³³
0273	贵	止合三去微见	tɕy³³⁴白 kuei³³⁴文	tɕy³³⁴白 kuei³³⁴文
0274	围	止合三平微云	uei²²¹	uei²²¹
0275	胃	止合三去微云	uei²¹³	uei³¹³
0276	宝	效开一上豪帮	pɐɯ⁵³³	pɐɯ⁵³³
0277	抱	效开一上豪並	buə¹³	buə¹³
0278	毛	效开一平豪明	mɐɯ²²¹	mɐɯ²²¹
0279	帽	效开一去豪明	mɐɯ²¹³	mɐɯ³¹³
0280	刀	效开一平豪端	tɐɯ⁴⁵	tɐɯ⁴⁵
0281	讨	效开一上豪透	tʰuə⁵³³白 tʰɐɯ⁵³³文	tʰuə⁵³³白 tʰɐɯ⁵³³文

编号	单 字	音韵地位	老男音	青男音
0282	桃	效开一平豪定	dɐɯ²²¹	dɐɯ²²¹
0283	道	效开一上豪定	dɐɯ²¹³	dɐɯ³¹³
0284	脑	效开一上豪泥	nɐɯ¹³	nɐɯ¹³
0285	老	效开一上豪来	lɐɯ¹³	lɐɯ¹³
0286	早	效开一上豪精	tsɐɯ⁵³³	tsɐɯ⁵³³
0287	灶	效开一去豪精	tsɐɯ³³⁴	tsɐɯ³³⁴
0288	草	效开一上豪清	tsʰɐɯ⁵³³	tsʰɐɯ⁵³³
0289	糙	效开一去豪清	tsʰɐɯ³³⁴	tsʰɐɯ³³⁴
0290	造	效开一上豪从	zɐɯ¹³	zɐɯ¹³
0291	嫂	效开一上豪心	sɐɯ⁵³³	sɐɯ⁵³³
0292	高	效开一平豪见	kɐɯ⁴⁵	kɐɯ⁴⁵
0293	靠	效开一去豪溪	kʰɐɯ³³⁴	kʰɐɯ³³⁴
0294	熬	效开一平豪疑	ŋɐɯ²²¹	ŋɐɯ²²¹
0295	好～坏	效开一上豪晓	xɐɯ⁵³³	xɐɯ⁵³³
0296	号名词	效开一去豪匣	ɐɯ²¹³	ɐɯ³¹³
0297	包	效开二平肴帮	pɐɯ⁴⁵	pɐɯ⁴⁵
0298	饱	效开二上肴帮	pu⁵³³白 pɐɯ⁵³³文	pu⁵³³白 pɐɯ⁵³³文
0299	炮	效开二去肴滂	pʰɐɯ³³⁴	pʰɐɯ³³⁴
0300	猫	效开二平肴明	miɐɯ²²¹	miɐɯ²²¹
0301	闹	效开二去肴泥	nɐɯ²¹³	nɐɯ³¹³
0302	罩	效开二去肴知	tsɐɯ³³⁴	tsɐɯ³³⁴
0303	抓用手～牌	效开二平肴庄	tsɒ⁴⁵	tsɒ⁴⁵
0304	找～零钱	效开二上肴庄	tsɐɯ⁵³³	tsɐɯ⁵³³

续表

编号	单字	音韵地位	老男音	青男音
0305	抄	效开二平肴初	tsʰɐɯ⁴⁵	tsʰɐɯ⁴⁵
0306	交	效开二平肴见	kɐɯ⁴⁵	kɐɯ⁴⁵
0307	敲	效开二平肴溪	kʰɐɯ⁴⁵	kʰɐɯ⁴⁵
0308	孝	效开二去肴晓	xɐɯ³³⁴	ɕiɐɯ³³⁴
0309	校学~	效开二去肴匣	ɐɯ²¹³	ɐɯ³¹³
0310	表手~	效开三上宵帮	piɐɯ⁵³³	piɐɯ⁵³³
0311	票	效开三去宵滂	pʰiɐɯ³³⁴	pʰiɐɯ³³⁴
0312	庙	效开三去宵明	miɐɯ²¹³	miɐɯ³¹³
0313	焦	效开三平宵精	tɕiɐɯ⁴⁵	tɕiɐɯ⁴⁵
0314	小	效开三上宵心	ɕiɐɯ⁵³³	ɕiɐɯ⁵³³
0315	笑	效开三去宵心	tɕʰiɐɯ³³⁴	tɕʰiɐɯ³³⁴
0316	朝~代	效开三平宵澄	dziɐɯ²²¹	dziɐɯ²²¹
0317	照	效开三去宵章	tɕiɐɯ³³⁴	tɕiɐɯ³³⁴
0318	烧	效开三平宵书	ɕiɐɯ⁴⁵	ɕiɐɯ⁴⁵
0319	绕~线	效开三去宵日	ɲiɐɯ²¹³	ɲiɐɯ³¹³
0320	桥	效开三平宵群	dziɐɯ²²¹	dziɐɯ²²¹
0321	轿	效开三去宵群	dziɐɯ²¹³	dziɐɯ³¹³
0322	腰	效开三平宵影	iɐɯ⁴⁵	iɐɯ⁴⁵
0323	要重~	效开三去宵影	iɐɯ³³⁴	iɐɯ³³⁴
0324	摇	效开三平宵以	iɐɯ²²¹	iɐɯ²²¹
0325	鸟	效开四上萧端	tiɐɯ⁵³³	tiɐɯ⁵³³
0326	钓	效开四去萧端	tiɐɯ³³⁴	tiɐɯ³³⁴
0327	条	效开四平萧定	diɐɯ²²¹	diɐɯ²²¹
0328	料	效开四去萧来	liɐɯ²¹³	liɐɯ³¹³

续表

编号	单　字	音韵地位	老男音	青男音
0329	箫	效开四平萧心	ɕiɐɯ⁴⁵	ɕiɐɯ⁴⁵
0330	叫	效开四去萧见	iɐɯ³³⁴	iɐɯ³³⁴
0331	母 丈~，舅~	流开一上侯明	məŋ¹³	məŋ¹³
0332	抖	流开一上侯端	tu⁵³³	təɯ⁵³³
0333	偷	流开一平侯透	tʰu⁴⁵	tʰəɯ⁴⁵
0334	头	流开一平侯定	du²²¹	dəɯ²²¹
0335	豆	流开一去侯定	du²¹³	dəɯ³¹³
0336	楼	流开一平侯来	lu²²¹	ləɯ²²¹
0337	走	流开一上侯精	tsu⁵³³	tsəɯ⁵³³
0338	凑	流开一去侯清	tsʰu³³⁴	tsʰəɯ³³⁴
0339	钩	流开一平侯见	kəɯ⁴⁵	kəɯ⁴⁵
0340	狗	流开一上侯见	kəɯ⁵³³	kəɯ⁵³³
0341	够	流开一去侯见	ku³³⁴	ku³³⁴
0342	口	流开一上侯溪	tɕʰy⁵³³白 kʰu⁵³³文	tɕʰyɛʔ⁵白 kʰu⁵³³文
0343	藕	流开一上侯疑	ŋəɯ¹³	ŋəɯ¹³
0344	后 前~	流开一上侯匣	u¹³	u¹³
0345	厚	流开一上侯匣	ɡu¹³	ɡu¹³
0346	富	流开三去尤非	fuə³³⁴	fuə³³⁴
0347	副	流开三去尤敷	fuə³³⁴	fuə³³⁴
0348	浮	流开三平尤奉	vuə²²¹	vuə²²¹
0349	妇	流开三上尤奉	vuə¹³	vuə³¹³
0350	流	流开三平尤来	liɯ²²¹	liɯ²²¹
0351	酒	流开三上尤精	tɕiɯ⁵³³	tɕiɯ⁵³³

续表

编号	单 字	音韵地位	老男音	青男音
0352	修	流开三平尤心	$\varepsilon i ɯ^{45}$	$\varepsilon i ɯ^{45}$
0353	袖	流开三去尤邪	$z i ɯ^{213}$	$z i ɯ^{13}$
0354	抽	流开三平尤彻	$t\varepsilon^h i ɯ^{45}$	$t\varepsilon^h i ɯ^{45}$
0355	绸	流开三平尤澄	$dz i ɯ^{221}$	$dz i ɯ^{221}$
0356	愁	流开三平尤崇	$z i ɐ ɯ^{221}$	$z i ɒ^{221}$
0357	瘦	流开三去尤生	$\varepsilon i ɐ ɯ^{334}$	$\varepsilon i ɒ^{334}$
0358	州	流开三平尤章	$t\varepsilon i ɯ^{45}$	$t\varepsilon i ɯ^{45}$
0359	臭 香~	流开三去尤昌	$t\varepsilon^h i ɯ^{334}$	$t\varepsilon^h i ɯ^{334}$
0360	手	流开三上尤书	$t\varepsilon^h y \varepsilon^{533}$白 $\varepsilon i ɯ^{533}$文	$t\varepsilon^h y \varepsilon^{533}$白 $\varepsilon i ɯ^{533}$文
0361	寿	流开三去尤禅	$z i ɯ^{213}$	$z i ɯ^{313}$
0362	九	流开三上尤见	$t\varepsilon i ɯ^{533}$	$t\varepsilon i ɯ^{533}$
0363	球	流开三平尤群	$dz i ɯ^{221}$	$dz i ɯ^{221}$
0364	舅	流开三上尤群	$dz i ɯ^{13}$	$dz i ɯ^{13}$
0365	旧	流开三去尤群	$dz i ɯ^{213}$	$dz i ɯ^{313}$
0366	牛	流开三平尤疑	$ȵ i ɯ^{221}$	$ȵ i ɯ^{221}$
0367	休	流开三平尤晓	$\varepsilon i ɯ^{45}$	$\varepsilon i ɯ^{45}$
0368	优	流开三平尤影	$i ɯ^{45}$	$i ɯ^{45}$
0369	有	流开三上尤云	$u \varepsilon ʔ^{23}$	$u \varepsilon ʔ^{23}$
0370	右	流开三去尤云	$i ɯ^{13}$	$i ɯ^{13}$
0371	油	流开三平尤以	$i ɯ^{221}$	$i ɯ^{221}$
0372	丢	流开三平幽端	$t i ɯ^{45}$	$t i ɯ^{45}$
0373	幼	流开三去幽影	$i ɯ^{45}$	$i ɯ^{45}$
0374	贪	咸开一平覃透	$t^h \tilde{\varepsilon}^{45}$	$t^h \tilde{\varepsilon}^{45}$

续表

编号	单　字	音韵地位	老男音	青男音
0375	潭	咸开一平覃定	daŋ^{221}白 dɛ̃^{221}文	daŋ^{221}白 dɛ̃^{221}文
0376	南	咸开一平覃泥	nɛ̃^{221}	nɛ̃^{221}
0377	蚕	咸开一平覃从	zɛ̃^{221}	zɛ̃^{221}
0378	感	咸开一上覃见	kɛ̃^{533}	kɛ̃^{533}
0379	含～一口水	咸开一平覃匣	gəŋ^{13}	gəŋ^{13}
0380	暗	咸开一去覃影	ɛ̃^{334}	ɛ̃^{334}
0381	搭	咸开一入合端	taʔ^{5}	taʔ^{5}
0382	踏	咸开一入合透	daʔ^{23}	daʔ^{23}
0383	拉	咸开一入合来	la^{45}	lɒ^{45}
0384	杂	咸开一入合从	zɛʔ^{23}	dzaʔ^{23}
0385	鸽	咸开一入合见	kɛʔ^{5}	kɛʔ^{5}
0386	盒	咸开一入合匣	ɛʔ^{23}	ɛʔ^{23}
0387	胆	咸开一上谈端	taŋ^{533}	taŋ^{533}
0388	毯	咸开一上谈透	tʰaŋ^{533}	tʰaŋ^{533}
0389	淡	咸开一上谈定	daŋ^{13}	daŋ^{13}
0390	蓝	咸开一平谈来	laŋ^{221}	laŋ^{221}
0391	三	咸开一平谈心	saŋ^{45}	saŋ^{45}
0392	甘	咸开一平谈见	kɛ̃^{45}	kɛ̃^{45}
0393	敢	咸开一上谈见	kɛ̃^{533}	kɛ̃^{533}
0394	喊	咸开一上谈晓	（无）	（无）
0395	塔	咸开一入盍透	tʰaʔ^{5}	tʰaʔ^{5}
0396	蜡	咸开一入盍来	laʔ^{23}	laʔ^{23}
0397	赚	咸开二去咸澄	dzaŋ^{13}	dzaŋ^{13}

续表

编号	单　字	音韵地位	老男音	青男音
0398	杉～木	咸开二平咸生	saŋ⁴⁵	saŋ⁴⁵
0399	减	咸开二上咸见	kaŋ⁵³³	kaŋ⁵³³
0400	咸～淡	咸开二平咸匣	aŋ²²¹	aŋ²²¹
0401	插	咸开二入洽初	tsʰaʔ⁵	tsʰaʔ⁵
0402	闸	咸开二入洽崇	zaʔ²³	zaʔ²³
0403	夹～子	咸开二入洽见	kaʔ⁵	kaʔ⁵
0404	衫	咸开二平衔生	saŋ⁴⁵	saŋ⁴⁵
0405	监	咸开二平衔见	kaŋ⁴⁵	kaŋ⁴⁵
0406	岩	咸开二平衔疑	ŋaŋ²²¹	ŋaŋ²²¹
0407	甲	咸开二入狎见	kaʔ⁵	kaʔ⁵
0408	鸭	咸开二入狎影	aʔ⁵	aʔ⁵
0409	黏～液	咸开三平盐泥	n̠iɛ̃⁴⁵	n̠iɛ̃⁴⁵
0410	尖	咸开三平盐精	tɕiɛ̃⁴⁵	tɕiɛ̃⁴⁵
0411	签～名	咸开三平盐清	tɕʰiɛ̃⁴⁵	tɕʰiɛ̃⁴⁵
0412	占～领	咸开三去盐章	tɕiɛ̃³³⁴	tɕiɛ̃³³⁴
0413	染	咸开三上盐日	n̠iɛ̃¹³	n̠iɛ̃¹³
0414	钳	咸开三平盐群	dziɛ̃²²¹	dziɛ̃²²¹
0415	验	咸开三去盐疑	n̠iɛ̃²¹³	n̠iɛ̃³¹³
0416	险	咸开三上盐晓	ɕiɛ̃⁵³³	ɕiɛ̃⁵³³
0417	厌	咸开三去盐影	iɛ̃³³⁴	iɛ̃³³⁴
0418	炎	咸开三平盐云	iɛ̃²²¹	iɛ̃²²¹
0419	盐	咸开三平盐以	iɛ̃²²¹	iɛ̃²²¹
0420	接	咸开三入叶精	tɕiɛʔ⁵	tɕiɛʔ⁵
0421	折～叠	山开三入薛章	tɕiɛʔ⁵	tɕiɛʔ⁵

续表

编号	单 字	音韵地位	老男音	青男音
0422	叶树~	咸开三入叶以	iɛʔ²³	iɛʔ²³
0423	剑	咸开三去严见	tɕiɛ̃³³⁴	tɕiɛ̃³³⁴
0424	欠	咸开三去严溪	tɕʰiɛ̃³³⁴	tɕʰiɛ̃³³⁴
0425	严	咸开三平严疑	ȵiɛ̃²²¹	ȵiɛ̃²²¹
0426	业	咸开三入业疑	ȵiɛʔ²³	iɛʔ²³
0427	点	咸开四上添端	tiɛ̃⁵³³	tiɛ̃⁵³³
0428	店	咸开四去添端	tiɛ̃³³⁴	tiɛ̃³³⁴
0429	添	咸开四平添透	tʰiɛ̃⁴⁵	tʰiɛ̃⁴⁵
0430	甜	咸开四平添定	diɛ̃²²¹	diɛ̃²²¹
0431	念	咸开四去添泥	ȵiɛ̃²¹³	ȵiɛ̃³¹³
0432	嫌	咸开四平添匣	aŋ²²¹白 iɛ̃²²¹文	aŋ²²¹白 iɛ̃²²¹文
0433	跌	咸开四入帖端	tiɛʔ⁵	tiɛʔ⁵
0434	贴	咸开四入帖透	tʰiɛʔ⁵	tʰiɛʔ⁵
0435	碟	咸开四入帖定	diɛʔ²³	diɛʔ²³
0436	协	咸开四入帖匣	iaʔ²³	iɛʔ²³
0437	犯	咸合三上凡奉	vaŋ¹³	vaŋ¹³
0438	法	咸合三入乏非	faʔ⁵	faʔ⁵
0439	品	深开三上侵滂	pʰiŋ⁵³³	pʰiŋ⁵³³
0440	林	深开三平侵来	liŋ²²¹	liŋ²²¹
0441	浸	深开三去侵精	tsəŋ³³⁴	tsəŋ³³⁴
0442	心	深开三平侵心	ɕiŋ⁴⁵	ɕiŋ⁴⁵
0443	寻	深开三平侵邪	zəŋ²²¹	zəŋ²²¹
0444	沉	深开三平侵澄	dʑiŋ²²¹	dʑiŋ²²¹

续表

编号	单　字	音韵地位	老男音	青男音
0445	参人~	咸开一平侵生	səŋ⁴⁵	səŋ⁴⁵
0446	针	深开三平侵章	tɕyŋ⁴⁵	tɕyŋ⁴⁵
0447	深	深开三平侵书	tɕʰyɛ̃⁴⁵	tɕʰyɛ̃⁴⁵
0448	任责~	深开三去侵日	n̠iŋ²¹³	n̠iŋ³¹³
0449	金	深开三平侵见	tɕiŋ⁴⁵	tɕiŋ⁴⁵
0450	琴	深开三平侵群	dʑiŋ²²¹	dʑiŋ²²¹
0451	音	深开三平侵影	iŋ⁴⁵	iŋ⁴⁵
0452	立	深开三入缉来	liʔ²³	liʔ²³
0453	集	深开三入缉从	dziʔ²³	dziʔ²³
0454	习	深开三入缉邪	ziʔ²³	zi²³
0455	汁	深开三入缉章	tɕyɛʔ⁵	tɕyɛʔ⁵
0456	十	深开三入缉禅	zyɛʔ²³	zyɛʔ²³
0457	入	深开三入缉日	n̠iʔ²³	lɔʔ²³
0458	急	深开三入缉见	tɕiʔ⁵	tɕiʔ⁵
0459	及	深开三入缉群	dziʔ²³	dziʔ²³
0460	吸	深开三入缉晓	ɕiʔ⁵	ɕiʔ⁵
0461	单简~	山开一平寒端	taŋ⁴⁵	taŋ⁴⁵
0462	炭	山开一去寒透	tʰaŋ³³⁴	tʰaŋ³³⁴
0463	弹~琴	山开一平寒定	daŋ²²¹	daŋ²²¹
0464	难~易	山开一平寒泥	naŋ²²¹	naŋ²²¹
0465	兰	山开一平寒来	laŋ²²¹	laŋ²²¹
0466	懒	山开一上寒来	laŋ¹³	laŋ¹³
0467	烂	山开一去寒来	laŋ²¹³	laŋ³¹³
0468	伞	山开一上寒心	saŋ⁵³³	saŋ⁵³³

续表

编号	单　字	音韵地位	老男音	青男音
0469	肝	山开一平寒见	kuɛ̃⁴⁵	kuɛ̃⁴⁵
0470	看~见	山开一去寒溪	（无）	（无）
0471	岸	山开一去寒疑	uɛ̃²¹³	uɛ̃³¹³
0472	汉	山开一去寒晓	xuɛ̃³³⁴	xɛ̃³³⁴
0473	汗	山开一去寒匣	guɛ̃²¹³	guɛ̃³¹³
0474	安	山开一平寒影	ɛ̃⁴⁵	ɛ̃⁴⁵
0475	达	山开一入曷定	daʔ²³	daʔ²³
0476	辣	山开一入曷来	laʔ²³	laʔ²³
0477	擦	山开一入曷清	tsʰaʔ⁵	tsʰaʔ⁵
0478	割	山开一入曷见	kuɛʔ⁵	kuɛʔ⁵
0479	渴	山开一入曷溪	kʰuɛʔ⁵	kʰuɛʔ⁵
0480	扮	山开二去山帮	paŋ³³⁴	paŋ³³⁴
0481	办	山开二去山并	baŋ²¹³	baŋ³¹³
0482	铲	山开二上山初	tsʰaŋ⁵³³	tsʰaŋ⁵³³
0483	山	山开二平山生	saŋ⁴⁵	saŋ⁴⁵
0484	产~妇	山开二上山生	tsʰaŋ⁵³³	tsʰaŋ⁵³³
0485	间房~,一~房	山开二平山见	kaŋ⁴⁵	kaŋ⁴⁵
0486	眼	山开二上山疑	ŋaŋ¹³	ŋaŋ¹³
0487	限	山开二上山匣	aŋ¹³	aŋ¹³
0488	八	山开二入黠帮	paʔ⁵	paʔ⁵
0489	扎	山开二入黠庄	tsaʔ⁵	tsaʔ⁵
0490	杀	山开二入黠生	saʔ⁵	saʔ⁵
0491	班	山开二平删帮	paŋ⁴⁵	paŋ⁴⁵
0492	板	山开二上删帮	paŋ⁵³³	paŋ⁵³³

续表

编号	单　字	音韵地位	老男音	青男音
0493	慢	山开二去删明	maŋ²¹³	maŋ³¹³
0494	奸	山开二平删见	kaŋ⁴⁵	kaŋ⁴⁵
0495	颜	山开二平删疑	ŋaŋ²²¹	ŋaŋ²²¹
0496	瞎	山开二入辖晓	xaʔ⁵	xaʔ⁵
0497	变	山开三去仙帮	piɛ̃³³⁴	piɛ̃³³⁴
0498	骗欺~	山开三去仙滂	pʰiɛ̃³³⁴	pʰiɛ̃³³⁴
0499	便方~	山开三去仙並	biɛ̃²¹³	biɛ̃³¹³
0500	棉	山开三平仙明	miɛ̃²²¹	miɛ̃²²¹
0501	面~孔	山开三去仙明	miɛ̃²¹³	miɛ̃³¹³
0502	连	山开三平仙来	liɛ̃²²¹	liɛ̃²²¹
0503	剪	山开三上仙精	tɕiɛ̃⁵³³	tɕiɛ̃⁵³³
0504	浅	山开三上仙清	tɕʰiɛ̃⁵³³	tɕʰiɛ̃⁵³³
0505	钱	山开三平仙从	dʑiɛ̃²²¹	dʑiɛ̃²²¹
0506	鲜	山开三平仙心	ɕiɛ̃⁴⁵	ɕiɛ̃⁴⁵
0507	线	山开三去仙心	ɕiɛ̃³³⁴	ɕiɛ̃³³⁴
0508	缠	山开三平仙澄	zɛ̃²¹³	zɛ̃²²¹
0509	战	山开三去仙章	tɕiɛ̃³³⁴	tɕiɛ̃³³⁴
0510	扇名词	山开三去仙书	ɕiɛ̃³³⁴	ɕiɛ̃³³⁴
0511	善	山开三上仙禅	ʑiɛ̃¹³	ʑiɛ̃¹³
0512	件	山开三上仙群	dʑiɛ̃²¹³	dʑiɛ̃³¹³
0513	延	山开三平仙以	iɛ̃²²¹	iɛ̃²²¹
0514	别~人	山开三入薛帮	biɛʔ²³	biɛʔ²³
0515	灭	山开三入薛明	miɛʔ²³	miɛʔ²³
0516	列	山开三入薛来	liɛʔ²³	liɛʔ²³

续表

编号	单 字	音韵地位	老男音	青男音
0517	撤	山开三入薛彻	tɕʰiɛʔ⁵	tɕʰiɛʔ⁵
0518	舌	山开三入薛船	dziɛʔ²³	dziɛʔ²³
0519	设	山开三入薛书	ɕiɛʔ⁵ 白 ɕiɛʔ⁵ 文	ɕiɛʔ⁵
0520	热	山开三入薛日	n̢iɛʔ²³	n̢iɛʔ²³
0521	杰	山开三入薛群	dziɛʔ²³	dziɛʔ²³
0522	孽	山开三入薛疑	n̢iɛʔ²³	n̢iɛʔ²³
0523	建	山开三去元见	tɕiɛ̃³³⁴	tɕiɛ̃³³⁴
0524	健	山开三去元群	dziɛ̃²¹³	dziɛ̃¹³
0525	言	山开三平元疑	iɛ̃²²¹	iɛ̃²²¹
0526	歇	山开三入月晓	ɕiɛʔ⁵	ɕiɛʔ⁵
0527	扁	山开四上先帮	piɛ̃⁵³³	piɛ̃⁵³³
0528	片	山开四去先滂	pʰiɛ̃³³⁴	pʰiɛ̃³³⁴
0529	面~条	山开四去先明	miɛ̃²¹³	miɛ̃³¹³
0530	典	山开四上先端	tiɛ̃⁵³³	tiɛ̃⁵³³
0531	天	山开四平先透	tʰiɛ̃⁴⁵	tʰiɛ̃⁴⁵
0532	田	山开四平先定	diɛ̃²²¹	diɛ̃²²¹
0533	垫	山开四去先定	diɛ̃²¹³	diɛ̃³¹³
0534	年	山开四平先泥	n̢iɛ̃²²¹	n̢iɛ̃²²¹
0535	莲	山开四平先来	liɛ̃²²¹	liɛ̃²²¹
0536	前	山开四平先从	ʑyɛ̃²²¹ 白 ziɛ̃²²¹ 文	ʑyɛ̃²²¹ 白 ziɛ̃²²¹ 文
0537	先	山开四平先心	ɕyɛ̃⁴⁵ 白 ɕiɛ̃⁴⁵ 文	ɕyɛ̃⁴⁵ 白 ɕiɛ̃⁴⁵ 文
0538	肩	山开四平先见	iɛ̃⁴⁵	iɛ̃⁴⁵

续表

编号	单　字	音韵地位	老男音	青男音
0539	见	山开四去先见	iɛ̃³³⁴白 tɕiɛ̃³³⁴文	iɛ̃³³⁴白 tɕiɛ̃³³⁴文
0540	牵	山开四平先溪	tɕʰiɛ̃⁴⁵	tɕʰiɛ̃⁴⁵
0541	显	山开四上先晓	ɕiɛ̃⁵³³	ɕiɛ̃⁵³³
0542	现	山开四去先匣	iɛ̃²¹³	iɛ̃³¹³
0543	烟	山开四平先影	iɛ̃⁴⁵	iɛ̃⁴⁵
0544	憋	山开四入屑滂	piɛʔ⁵	piɛʔ⁵
0545	篾	山开四入屑明	miɛʔ²³	miɛʔ²³
0546	铁	山开四入屑透	tʰiɛʔ⁵	tʰiɛʔ⁵
0547	捏	山开四入屑泥	ȵiaʔ²³	ȵiaʔ²³
0548	节	山开四入屑精	tɕiɛʔ⁵	tɕiɛʔ⁵
0549	切动词	山开四入屑清	tɕʰiɛʔ⁵	tɕʰiɛʔ⁵
0550	截	山开四入屑从	dʑiɛʔ²³	dʑiɛʔ²³
0551	结	山开四入屑见	tɕiɛʔ⁵	tɕiɛʔ⁵
0552	搬	山合一平桓帮	bɛ̃²²¹	bɛ̃²²¹
0553	半	山合一去桓帮	pɛ̃³³⁴	pɛ̃³³⁴
0554	判	山合一去桓滂	pʰɛ̃³³⁴	pʰɛ̃³³⁴
0555	盘	山合一平桓並	bɛ̃²²¹	bɛ̃²²¹
0556	满	山合一上桓明	mɛ̃¹³	mɛ̃¹³
0557	端~午	山合一平桓端	tɛ̃⁴⁵	tɛ̃⁴⁵
0558	短	山合一上桓端	tɛ̃⁵³³	tɛ̃⁵³³
0559	断绳~了	山合一上桓定	dəŋ¹³	dəŋ¹³
0560	暖	山合一上桓泥	nəŋ¹³	nəŋ¹³
0561	乱	山合一去桓来	lyɛ̃²¹³	lyɛ̃³¹³

编号	单　字	音韵地位	老男音	青男音
0562	酸	山合一平桓心	$s\gamma^{45}$	$s\gamma^{45}$
0563	算	山合一去桓心	$s\tilde{\varepsilon}^{334}$	$s\tilde{\varepsilon}^{334}$
0564	官	山合一平桓见	$ku\tilde{\varepsilon}^{45}$	$ku\tilde{\varepsilon}^{45}$
0565	宽	山合一平桓溪	$k^hu\tilde{\varepsilon}^{45}$	$k^hu\tilde{\varepsilon}^{45}$
0566	欢	山合一平桓晓	$xu\tilde{\varepsilon}^{45}$	$xu\tilde{\varepsilon}^{45}$
0567	完	山合一平桓匣	$u\tilde{\varepsilon}^{221}$	$u\tilde{\varepsilon}^{221}$
0568	换	山合一去桓匣	$uaŋ^{213}$	$uaŋ^{313}$
0569	碗	山合一上桓影	$u\tilde{\varepsilon}^{533}$	$u\tilde{\varepsilon}^{533}$
0570	拨	山合一入末帮	$p\varepsilon ?^5$	$p\varepsilon ?^5$
0571	泼	山合一入末滂	$p^h\varepsilon ?^5$	$p^h\varepsilon ?^5$
0572	末	山合一入末明	$m\varepsilon ?^{23}$	$m\varepsilon ?^{23}$
0573	脱	山合一入末透	$t^hə\mathrm{uu}?^5$	$t^hə\mathrm{uu}?^5$
0574	夺	山合一入末定	$də\mathrm{uu}?^{23}$	$də\mathrm{uu}?^{23}$
0575	阔	山合一入末溪	$k^hu\varepsilon ?^5$	$k^hu\varepsilon ?^5$
0576	活	山合一入末匣	$ua?^{23}$	$ua?^{23}$
0577	顽 ～皮，～固	山合二平山疑	$uaŋ^{13}$	$u\tilde{\varepsilon}^{221}$
0578	滑	山合二入黠匣	$gua?^{23}$	$gua?^{23}$
0579	挖	山合二入黠影	$uɒ^{45}$	$uɒ^{45}$
0580	闩	山合二平删生	$\varsigma y\tilde{\varepsilon}^{533}$	$\varsigma y\tilde{\varepsilon}^{45}$
0581	关 ～门	山合二平删见	$kəŋ^{45}$	$kəŋ^{45}$
0582	惯	山合二去删见	$kuaŋ^{334}$	$kuaŋ^{334}$
0583	还 动	山合二平删匣	$uaŋ^{221}$	$uaŋ^{221}$
0584	还 副	山合二平删匣	$aŋ^{221}$	$aŋ^{221}$
0585	弯	山合二平删影	$uaŋ^{45}$	$uaŋ^{45}$

续表

编号	单字	音韵地位	老男音	青男音
0586	刷	山合二入辖生	$ɕyɛʔ^5$	$ɕyɛʔ^5$
0587	刮	山合二入辖见	$kuaʔ^5$	$kuaʔ^5$
0588	全	山合三平仙从	$ʑyɛ̃^{221}$	$ʑyɛ̃^{221}$
0589	选	山合三上仙心	$ɕyɛ̃^{533}$	$ɕyɛ̃^{533}$
0590	转~眼,~送	山合三上仙知	$tyɛ̃^{533}$白 $tɕyɛ̃^{533}$文	$tyɛ̃^{533}$白 $tɕyɛ̃^{533}$文
0591	传~下来	山合三平仙澄	$dʑyɛ̃^{221}$	$dʑyɛ̃^{221}$
0592	传~记	山合三去仙澄	$dʑyɛ̃^{213}$	$dʑyɛ̃^{313}$
0593	砖	山合三平仙章	$tɕyɛ̃^{45}$	$tɕyɛ̃^{45}$
0594	船	山合三平仙船	$ʑyɛ̃^{221}$	$ʑyɛ̃^{221}$
0595	软	山合三上仙日	$ȵʑyɛ̃^{13}$	$ȵʑyɛ̃^{13}$
0596	卷~起	山合三上仙见	$tɕyɛ̃^{533}$	$tɕyɛ̃^{533}$
0597	圈圆~	山合三平仙溪	$tɕʰyɛ̃^{45}$	$tɕʰyɛ̃^{45}$
0598	权	山合三平仙群	$dʑyɛ̃^{221}$	$dʑyɛ̃^{221}$
0599	圆	山合三平仙云	$yɛ̃^{221}$	$yɛ̃^{221}$
0600	院	山合三去仙云	$yɛ̃^{213}$	$yɛ̃^{313}$
0601	铅~笔	山合三平仙以	$iɛ̃^{213}$	$iɛ̃^{313}$
0602	绝	山合三入薛从	$ʑyɛʔ^{23}$白 $dʑyɛʔ^{23}$文	$ʑyɛʔ^{23}$白 $dʑyɛʔ^{23}$文
0603	雪	山合三入薛心	$ɕyɛʔ^5$	$ɕyɛʔ^5$
0604	反	山合三上元非	$paŋ^{533}$白 $faŋ^{533}$文	$paŋ^{533}$白 $faŋ^{533}$文
0605	翻	山合三平元敷	$faŋ^{45}$	$faŋ^{45}$
0606	饭	山合三去元奉	$vaŋ^{213}$	$vaŋ^{313}$
0607	晚	山合三上元微	$maŋ^{13}$白 $uaŋ^{13}$文	$uaŋ^{13}$

编号	单　字	音韵地位	老男音	青男音
0608	万_{麻将牌}	山合三去元微	maŋ²¹³	maŋ³¹³
0609	劝	山合三去元溪	tɕʰyɛ̃³³⁴	tɕʰyɛ̃³³⁴
0610	原	山合三平元疑	n̠yɛ̃²²¹	yɛ̃²²¹
0611	冤	山合三平元影	yɛ̃⁴⁵	yɛ̃⁴⁵
0612	园	山合三平元云	xəŋ³³⁴白 yɛ̃²²¹文	xəŋ³³⁴白 yɛ̃²²¹文
0613	远	山合三上元云	yɛ̃¹³	yɛ̃¹³
0614	发_{头~}	山合三入月非	fəɯʔ⁵	fəɯʔ⁵
0615	罚	山合三入月奉	vaʔ²³	vaʔ²³
0616	袜	山合三入月微	maʔ²³	maʔ²³
0617	月	山合三入月疑	n̠yɛʔ²³	n̠yɛʔ²³
0618	越	山合三入月云	yɛʔ²³	yɛʔ²³
0619	县	山合四去先匣	yɛ̃²¹³	yɛ̃³¹³
0620	决	山合四入屑见	tɕyɛʔ⁵	tɕyɛʔ⁵
0621	缺	山合四入屑溪	tɕʰyɛʔ⁵	tɕʰyɛʔ⁵
0622	血	山合四入屑晓	ɕyɛʔ⁵	ɕyɛʔ⁵
0623	吞	臻开一平痕透	tʰɛ̃⁴⁵	tʰɛ̃⁴⁵
0624	根	臻开一平痕见	kɛ̃⁴⁵	kɛ̃⁴⁵
0625	恨	臻开一去痕匣	əŋ²¹³	əŋ³¹³
0626	恩	臻开一平痕影	ɛ̃⁴⁵	əŋ⁴⁵
0627	贫	臻开三平真并	biŋ²²¹	biŋ²²¹
0628	民	臻开三平真明	miŋ²²¹	miŋ²²¹
0629	邻	臻开三平真来	liŋ²²¹	liŋ²²¹
0630	进	臻开三去真精	tɕiŋ³³⁴	tɕiŋ³³⁴

续表

编号	单 字	音韵地位	老男音	青男音
0631	亲~人	臻开三平真清	tɕʰiŋ⁴⁵	tɕʰiŋ⁴⁵
0632	新	臻开三平真心	ɕiŋ⁴⁵	ɕiŋ⁴⁵
0633	镇	臻开三去真知	tɕiŋ³³⁴	tɕiŋ³³⁴
0634	陈	臻开三平真澄	dʑiŋ²¹³	dʑiŋ²²¹
0635	震	臻开三去真章	tɕiŋ⁵³³	tɕiŋ³³⁴
0636	神	臻开三平真船	ʑiŋ²²¹	ʑiŋ²²¹
0637	身	臻开三平真书	ɕiŋ⁴⁵	ɕiŋ⁴⁵
0638	辰	臻开三平真禅	ʑiŋ²¹³	ʑiŋ²²¹
0639	人	臻开三平真日	ʑyŋ²²¹	ʑyŋ²²¹
0640	认	臻开三去真日	ȵiŋ²¹³	ȵiŋ³¹³
0641	紧	臻开三上真见	tɕiŋ⁵³³	tɕiŋ⁵³³
0642	银	臻开三平真疑	ȵiŋ²²¹	ȵiŋ²²¹
0643	印	臻开三去真影	iŋ³³⁴	iŋ³³⁴
0644	引	臻开三上真以	iŋ¹³	iŋ¹³
0645	笔	臻开三入质帮	piʔ⁵	piʔ⁵
0646	匹	臻开三入质滂	pʰiʔ⁵	pʰiʔ⁵
0647	密	臻开三入质明	miʔ²³	miʔ²³
0648	栗	臻开三入质来	ləɯʔ²³	ləɯʔ²³
0649	七	臻开三入质清	tɕʰiʔ⁵	tɕʰiʔ⁵
0650	侄	臻开三入质澄	dʑiʔ²³	dʑiʔ²³
0651	虱	臻开三入质生	ɕiuʔ⁵	ɕiuʔ⁵
0652	实	臻开三入质船	ʑiʔ²³	ʑiʔ²³
0653	失	臻开三入质书	ɕiʔ⁵	ɕiʔ⁵
0654	日	臻开三入质日	nɛʔ²³	nɛʔ²³

续表

编号	单字	音韵地位	老男音	青男音
0655	吉	臻开三入质见	tɕiʔ⁵	tɕiʔ⁵
0656	一	臻开三入质影	iʔ⁵	iʔ⁵
0657	筋	臻开三平殷见	tɕiŋ⁴⁵	tɕiŋ⁴⁵
0658	劲有～	臻开三去殷见	tɕiŋ³³⁴	tɕiŋ³³⁴
0659	勤	臻开三平殷群	dʑiŋ²²¹	dʑiŋ²²¹
0660	近	臻开三上殷群	gɛ̃¹³白 dʑiŋ¹³文	gɛ̃¹³白 dʑiŋ¹³文
0661	隐	臻开三上殷影	iŋ⁵³³	iŋ⁵³³
0662	本	臻合一上魂帮	pɛ̃⁵³³	pɛ̃⁵³³
0663	盆	臻合一平魂并	bɛ̃²²¹	bəŋ²²¹
0664	门	臻合一平魂明	məŋ²²¹	məŋ²²¹
0665	墩	臻合一平魂端	tɛ̃⁴⁵	tɛ̃⁴⁵
0666	嫩	臻合一去魂泥	nɛ̃²¹³	nɛ̃³¹³
0667	村	臻合一平魂清	tsʰɛ̃⁴⁵	tsʰɛ̃⁴⁵
0668	寸	臻合一去魂清	tsʰɛ̃³³⁴	tsʰɛ̃³³⁴
0669	蹲	臻合一平魂从	tɛ̃⁴⁵	tɛ̃⁴⁵
0670	孙～子	臻合一平魂心	sɛ̃⁴⁵	sɛ̃⁴⁵
0671	滚	臻合一上魂见	kuəŋ⁵³³	kuəŋ⁵³³
0672	困	臻合一去魂溪	kʰəŋ³³⁴白 kʰuɛ̃³³⁴文	kʰuəŋ³³⁴
0673	婚	臻合一平魂晓	xuɛ̃⁴⁵	xuɛ̃⁴⁵
0674	魂	臻合一平魂匣	uɛ̃²²¹	uɛ̃²²¹
0675	温	臻合一平魂影	uɛ̃⁴⁵	uɛ̃⁴⁵
0676	卒棋子	臻合一入没精	tɕyʔ⁵	tsɔʔ⁵
0677	骨	臻合一入没见	kuɛʔ⁵	kuɛʔ⁵

续表

编号	单　字	音韵地位	老男音	青男音
0678	轮	臻合三平谆来	liŋ²²¹白 ləŋ²²¹文	liŋ²²¹
0679	俊	臻合三去谆精	tɕyŋ³³⁴	tɕyŋ³³⁴
0680	笋	臻合三上谆心	səŋ⁵³³	səŋ⁵³³
0681	准	臻合三上谆章	tɕyŋ⁵³³	tɕyŋ⁵³³
0682	春	臻合三平谆昌	tɕʰyŋ⁴⁵	tɕʰyŋ⁴⁵
0683	唇	臻合三平谆船	ʑyŋ²²¹	ʑyŋ²²¹
0684	顺	臻合三去谆船	ʑyŋ²¹³	ʑyŋ³¹³
0685	纯	臻合三平谆禅	ʑyŋ²²¹	ʑyŋ²²¹
0686	闰	臻合三去谆日	yŋ²¹³	yŋ³¹³
0687	均	臻合三平谆见	tɕyŋ⁴⁵	tɕyŋ⁴⁵
0688	匀	臻合三平谆以	yŋ²²¹	yŋ²²¹
0689	律	臻合三入术来	liʔ²³	lyʔ²³
0690	出	臻合三入术昌	tɕʰyɛʔ⁵	tɕʰyɛʔ⁵
0691	橘	臻合三入术见	tɕyʔ⁵	（无）
0692	分 动词	臻合三平文非	fəŋ⁴⁵	fəŋ⁴⁵
0693	粉	臻合三上文非	fəŋ⁵³³	fəŋ⁵³³
0694	粪	臻合三去文非	pɛ̃³³⁴	pɛ̃³³⁴
0695	坟	臻合三平文奉	vəŋ²²¹	vəŋ²²¹
0696	蚊	臻合三平文微	məŋ²²¹	məŋ²²¹
0697	问	臻合三去文微	məŋ²¹³	məŋ³¹³
0698	军	臻合三平文见	tɕyŋ⁴⁵	tɕyŋ⁴⁵
0699	裙	臻合三平文群	dʑyŋ²²¹	dʑyŋ²²¹
0700	熏	臻合三平文晓	ɕyŋ⁴⁵	ɕyŋ⁴⁵

续表

编号	单字	音韵地位	老男音	青男音
0701	云~彩	臻合三平文云	yŋ²²¹	yŋ²²¹
0702	运	臻合三去文云	yŋ²¹³	yŋ³¹³
0703	佛~像	臻合三入物奉	vəɯʔ²³	vəɯʔ²³
0704	物	臻合三入物微	vəʔ²³	uɛʔ²³
0705	帮	宕开一平唐帮	pɔŋ⁴⁵	pɔŋ⁴⁵
0706	忙	宕开一平唐明	mɔŋ²²¹	mɔŋ²²¹
0707	党	宕开一上唐端	tɔŋ⁵³³	tɔŋ⁵³³
0708	汤	宕开一平唐透	tʰɔŋ⁴⁵	tʰɔŋ⁴⁵
0709	糖	宕开一平唐定	dɔŋ²²¹	dɔŋ²²¹
0710	浪	宕开一去唐来	lɔŋ²¹³	lɔŋ³¹³
0711	仓	宕开一平唐清	tsʰɔŋ⁴⁵	tsʰɔŋ⁴⁵
0712	钢名词	宕开一平唐见	kɔŋ³³⁴	kɔŋ⁴⁵
0713	糠	宕开一平唐溪	kʰɔŋ⁴⁵	kʰɔŋ⁴⁵
0714	薄形容词	宕开一入铎並	bɔʔ²³	bɔʔ²³
0715	摸	宕开一入铎明	məɯʔ⁵	məɯʔ⁵
0716	托	宕开一入铎透	tʰɔʔ⁵	tʰɔʔ⁵
0717	落	宕开一入铎来	lɔʔ²³	lɔʔ²³
0718	作	宕开一入铎精	tsɔʔ⁵	tsɔʔ⁵
0719	索	宕开一入铎心	sɔʔ⁵	sɔʔ⁵
0720	各	宕开一入铎见	kɔʔ⁵	kɔʔ⁵
0721	鹤	宕开一入铎匣	ŋɔʔ²³	ŋɔʔ²³
0722	恶形容词,入声	宕开一入铎影	ɔʔ⁵	ɔʔ⁵
0723	娘	宕开三平阳泥	ȵiaŋ²²¹	ȵiaŋ²²¹
0724	两斤~	宕开三上阳来	liaŋ²¹³	liaŋ³¹³

续表

编号	单字	音韵地位	老男音	青男音
0725	亮	宕开三去阳来	liaŋ²¹³	liaŋ³¹³
0726	浆	宕开三平阳精	tɕiaŋ⁴⁵	tɕiaŋ⁴⁵
0727	抢	宕开三上阳清	tɕʰiaŋ⁵³³	tɕʰiaŋ⁵³³
0728	匠	宕开三去阳从	ziaŋ²¹³	tɕiaŋ³³⁴
0729	想	宕开三上阳心	ɕiaŋ⁵³³	ɕiaŋ⁵³³
0730	像	宕开三上阳邪	dziaŋ¹³	dziaŋ¹³
0731	张量词	宕开三平阳知	tiaŋ³³⁴	tiaŋ³³⁴
0732	长～短	宕开三平阳澄	dɛ̃²²¹	dɛ̃²²¹
0733	装	宕开三平阳庄	tsɔŋ⁴⁵	tsɔŋ⁴⁵
0734	壮	宕开三去阳庄	tɕiɔŋ³³⁴	tɕiɔŋ³³⁴
0735	疮	宕开三平阳初	tsʰɛ̃⁴⁵	tsʰɔŋ⁴⁵
0736	床	宕开三平阳崇	zɛ̃²²¹ 白 ziɔŋ²²¹ 文	zɛ̃²²¹ 白 ziɔŋ²²¹ 文
0737	霜	宕开三平阳生	ɕiɔŋ⁴⁵	ɕiɔŋ⁴⁵
0738	章	宕开三平阳章	tɕiaŋ⁴⁵	tɕiaŋ⁴⁵
0739	厂	宕开三上阳昌	tɕʰiaŋ⁵³³	tɕʰiaŋ⁵³³
0740	唱	宕开三去阳昌	tɕʰiaŋ³³⁴	tɕʰiaŋ³³⁴
0741	伤	宕开三平阳书	ɕiaŋ⁴⁵	ɕiaŋ⁴⁵
0742	尝	宕开三平阳禅	ziaŋ²²¹	ziaŋ²²¹
0743	上～去	宕开三上阳禅	dziaŋ¹³	dziaŋ¹³
0744	让	宕开三去阳日	ȵiɔŋ²¹³	ȵiɔŋ³¹³
0745	姜生～	宕开三平阳见	tɕiaŋ⁴⁵	tɕiaŋ⁴⁵
0746	响	宕开三上阳晓	ɕiaŋ⁵³³	ɕiaŋ⁵³³
0747	向	宕开三去阳晓	ɕiaŋ³³⁴	ɕiaŋ³³⁴

续表

编号	单字	音韵地位	老男音	青男音
0748	秧	宕开三平阳影	$\tilde{\epsilon}^{45}$白 $ia\eta^{45}$文	$\tilde{\epsilon}^{45}$白 $ia\eta^{45}$文
0749	痒	宕开三上阳以	$zi\partial\eta^{13}$	$zi\partial\eta^{13}$
0750	样	宕开三去阳以	$ia\eta^{213}$	$ia\eta^{313}$
0751	雀注意声	宕开三入药精	$t\varepsilon i\textipa{P}^5$白 $t\varepsilon^h y\varepsilon\textipa{P}^5$文	$t\varepsilon i\textipa{P}^5$
0752	削	宕开三入药心	$\varepsilon ia\textipa{P}^5$	$\varepsilon ia\textipa{P}^5$
0753	着火~了	宕开三入药知	dei^{13}	dei^{13}
0754	勺	宕开三入药禅	$\textctz ia\textipa{P}^{23}$	$\textctz ia\textipa{P}^{23}$
0755	弱	宕开三入药日	$\textltailn ia\textipa{P}^{23}$	$l\partial\textipa{P}^{23}$
0756	脚	宕开三入药见	$t\varepsilon ia\textipa{P}^5$	$t\varepsilon ia\textipa{P}^5$
0757	约	宕开三入药影	$ia\textipa{P}^5$	$ia\textipa{P}^5$
0758	药	宕开三入药以	$ia\textipa{P}^{23}$	$ia\textipa{P}^{23}$
0759	光~线	宕合一平唐见	$k\partial\eta^{45}$	$k\partial\eta^{45}$
0760	慌	宕合一平唐晓	$x\partial\eta^{45}$	$x\partial\eta^{45}$
0761	黄	宕合一平唐匣	$\partial\eta^{221}$	$\partial\eta^{221}$
0762	郭	宕合一入铎见	$k\partial\textipa{P}^5$	$k\partial\textipa{P}^5$
0763	霍	宕合一入铎晓	$x\partial\textipa{P}^5$	$x\partial\textipa{P}^5$
0764	方	宕合三平阳非	$f\partial\eta^{45}$	$f\partial\eta^{45}$
0765	放	宕合三去阳非	$f\partial\eta^{334}$	$f\partial\eta^{334}$
0766	纺	宕合三上阳敷	$f\partial\eta^{533}$	$f\partial\eta^{533}$
0767	房	宕合三平阳奉	$v\partial\eta^{221}$	$v\partial\eta^{221}$
0768	防	宕合三平阳奉	$v\partial\eta^{221}$	$v\partial\eta^{221}$
0769	网	宕合三上阳微	$m\partial\eta^{13}$	$m\partial\eta^{13}$
0770	筐	宕合三平阳溪	$k^h ua\eta^{45}$	$k^h ua\eta^{45}$

续表

编号	单　字	音韵地位	老男音	青男音
0771	狂	宕合三平阳群	guaŋ²²¹	guaŋ²²¹
0772	王	宕合三平阳云	ioŋ²²¹	ioŋ²²¹
0773	旺	宕合三去阳云	ɔŋ²¹³	ɔŋ³¹³
0774	缚	宕合三入药奉	bɔʔ²³	bɔʔ²³
0775	绑	江开二上江帮	pɔ̯ŋ⁵³³	pɔ̯ŋ⁵³³
0776	胖	江开二去江滂	pʰɔŋ³³⁴	pʰɔŋ³³⁴
0777	棒	江开二上江並	bɔ̯ŋ¹³	bɔ̯ŋ¹³
0778	桩	江开二平江知	tioŋ⁴⁵	tioŋ⁴⁵
0779	撞	江开二去江澄	dzioŋ²¹³	dzioŋ³¹³
0780	窗	江开二平江初	tɕʰioŋ⁴⁵	tɕʰioŋ⁴⁵
0781	双	江开二平江生	ɕioŋ⁴⁵	ɕioŋ⁴⁵
0782	江	江开二平江见	kɔŋ⁴⁵	kɔŋ⁴⁵
0783	讲	江开二上江见	kɔŋ⁵³³	kɔŋ⁵³³
0784	降投～	江开二平江匣	ɔŋ²¹³	ɔŋ³¹³
0785	项	江开二上江匣	ɔŋ¹³	ɔŋ¹³
0786	剥	江开二入觉帮	pɔʔ⁵	pɔʔ⁵
0787	桌	江开二入觉知	tiɔʔ⁵	tiɔʔ⁵
0788	镯	江开二入觉崇	dziɔʔ²³	dziɔʔ²³
0789	角	江开二入觉见	kɔʔ⁵	kɔʔ⁵
0790	壳	江开二入觉溪	kʰɔʔ⁵	kʰɔʔ⁵
0791	学	江开二入觉匣	ɔʔ²³	ɔʔ²³
0792	握	江开二入觉影	əɯʔ⁵	uɛʔ⁵
0793	朋	曾开一平登並	bɔ̯ŋ²²¹	bɔ̯ŋ²²¹
0794	灯	曾开一平登端	tiŋ⁴⁵	tiŋ⁴⁵

续表

编号	单 字	音韵地位	老男音	青男音
0795	等	曾开一上登端	$t\tilde{\varepsilon}^{533}$	$t\tilde{\varepsilon}^{533}$
0796	凳	曾开一去登端	$ti\eta^{334}$	$ti\eta^{334}$
0797	藤	曾开一平登定	$d\tilde{\varepsilon}^{221}$	$d\partial\eta^{221}$
0798	能	曾开一平登泥	$n\tilde{\varepsilon}^{221}$	$n\tilde{\varepsilon}^{221}$
0799	层	曾开一平登从	$z\tilde{\varepsilon}^{221}$	$z\tilde{\varepsilon}^{221}$
0800	僧	曾开一平登心	$s\tilde{\varepsilon}^{45}$	$s\tilde{\varepsilon}^{45}$
0801	肯	曾开一上登溪	$k^{h}\partial\eta^{533}$	$k^{h}\partial\eta^{533}$
0802	北	曾开一入德帮	$pɔʔ^{5}$	$pɔʔ^{5}$
0803	墨	曾开一入德明	$mɔʔ^{23}$	$mɔʔ^{23}$
0804	得	曾开一入德端	$t\varepsilonʔ^{5}$	$t\varepsilonʔ^{5}$
0805	特	曾开一入德定	$d\varepsilonʔ^{23}$	$d\varepsilonʔ^{23}$
0806	贼	曾开一入德从	$z\varepsilonʔ^{23}$	$z\varepsilonʔ^{23}$
0807	塞	曾开一入德心	$s\varepsilonʔ^{5}$	$s\varepsilonʔ^{5}$
0808	刻	曾开一入德溪	$k^{h}\varepsilonʔ^{5}$	$k^{h}\varepsilonʔ^{5}$
0809	黑	曾开一入德晓	$x\varepsilonʔ^{5}$	$x\varepsilonʔ^{5}$
0810	冰	曾开三平蒸帮	$pi\eta^{45}$	$pi\eta^{45}$
0811	证	曾开三去蒸章	$t\varepsilon i\eta^{334}$	$t\varepsilon i\eta^{334}$
0812	秤	曾开三去蒸昌	$t\varepsilon^{h}i\eta^{334}$	$t\varepsilon^{h}i\eta^{334}$
0813	绳	曾开三平蒸船	$dʑi\eta^{221}$	$dʑi\eta^{221}$
0814	剩	曾开三去蒸船	$ʑi\eta^{213}$	$ʑi\eta^{313}$
0815	升	曾开三平蒸书	$ɕi\eta^{45}$	$ɕi\eta^{45}$
0816	兴高~	曾开三去蒸晓	$ɕi\eta^{334}$	$ɕi\eta^{334}$
0817	蝇	曾开三平蒸以	$ɕi\eta^{334}$	$ɕi\eta^{334}$
0818	逼	曾开三入职帮	$piʔ^{5}$	$piʔ^{5}$

续表

编号	单　字	音韵地位	老男音	青男音
0819	力	曾开三入职来	li$ʔ^{23}$	li$ʔ^{23}$
0820	息	曾开三入职心	ɕi$ʔ^5$	ɕi$ʔ^5$
0821	直	曾开三入职澄	dʑi$ʔ^{23}$	dʑi$ʔ^{23}$
0822	侧	曾开三入职庄	tsɛ$ʔ^5$	tsɛ$ʔ^5$
0823	测	曾开三入职初	ts^{h}ɛ$ʔ^5$	ts^{h}əɯ$ʔ^5$
0824	色	曾开三入职生	səɯ$ʔ^5$	səɯ$ʔ^5$
0825	织	曾开三入职章	tɕi$ʔ^5$	tɕi$ʔ^5$
0826	食	曾开三入职船	ʑi$ʔ^{23}$	ʑi$ʔ^{23}$
0827	式	曾开三入职书	ɕi$ʔ^5$	ɕi$ʔ^5$
0828	极	曾开三入职群	dʑi$ʔ^{23}$	dʑi$ʔ^{23}$
0829	国	曾合一入德见	kuɛ$ʔ^5$	kuɛ$ʔ^5$
0830	或	曾合一入德匣	uɔ$ʔ^{23}$	uɛ$ʔ^{23}$
0831	猛	梗开二上庚明	miaŋ^{13}白 məŋ^{13}文	miaŋ^{13}白 məŋ^{13}文
0832	打	梗开二上庚端	tiaŋ^{533}	tiaŋ^{533}
0833	冷	梗开二上庚来	ləŋ^{13}	ləŋ^{13}
0834	生	梗开二平庚生	ɕiaŋ^{45}	ɕiaŋ^{45}
0835	省~长	梗开二上庚生	ɕiaŋ^{533}	ɕiaŋ^{533}
0836	更三~,打~	梗开二平庚见	kaŋ^{45}白 kəŋ^{45}文	tɕiŋ^{45}白 kaŋ^{45}文
0837	梗	梗开二上庚见	kuaŋ^{533}	kuaŋ^{533}
0838	坑	梗开二平庚溪	tɕ^{h}iaŋ^{45}	tɕ^{h}iaŋ^{45}
0839	硬	梗开二去庚疑	ȵiaŋ^{213}	ȵiaŋ^{313}
0840	行~为,~走	梗开二平庚匣	aŋ^{221}白 ʑiŋ^{221}文	aŋ^{221}

编号	单　字	音韵地位	老男音	青男音
0841	百	梗开二入陌帮	pia$\textsmallcaps{ʔ}^5$	pia^5
0842	拍	梗开二入陌滂	pʰɛʔ^5	pʰɛʔ^5
0843	白	梗开二入陌並	biaʔ^{23}	biaʔ^5
0844	拆	梗开二入陌彻	tʰiʔ^5 白 tsʰaʔ^5 文	tʰiʔ^5 白 tsʰaʔ^5 文
0845	择	梗开二入陌澄	dɔʔ^{23} 白 dzɛʔ^{23} 文	dɔʔ^{23} 白 dzɛʔ^{23} 文
0846	窄	梗开二入陌庄	tsaʔ^5	tsaʔ^5
0847	格	梗开二入陌见	kaʔ^5	kaʔ^5
0848	客	梗开二入陌溪	tɕʰiaʔ^5 白 kʰaʔ^5 文	tɕʰiaʔ^5 白 kʰaʔ^5 文
0849	额	梗开二入陌疑	ŋɛʔ^{23}	ŋɛʔ^{23}
0850	棚	梗开二平耕並	biaŋ^{221} 白 bəŋ^{221} 文	biaŋ^{221} 白 bəŋ^{221} 文
0851	争	梗开二平耕庄	tɕiaŋ^{45} 白 tsəŋ^{45} 文	tɕiaŋ^{45} 白 tsəŋ^{45} 文
0852	耕	梗开二平耕见	tɕiaŋ^{45}	tɕiaŋ^{45}
0853	麦	梗开二入麦明	miaʔ^{23}	miaʔ^{23}
0854	摘	梗开二入麦知	tiʔ^5 白 tsaʔ^5 文	tsaʔ^5
0855	策	梗开二入麦初	tɕʰiaʔ^5	tɕʰiaʔ^5
0856	隔	梗开二入麦见	kaʔ^5	kaʔ^5
0857	兵	梗开三平庚帮	piŋ^{45}	piŋ^{45}
0858	柄	梗开三去庚帮	piaŋ^{334}	piaŋ^{334}
0859	平	梗开三平庚並	biŋ^{221}	biŋ^{221}
0860	病	梗开三去庚並	biŋ^{213}	biŋ^{313}
0861	明	梗开三平庚明	miŋ^{221}	miŋ^{221}

续表

编号	单 字	音韵地位	老男音	青男音
0862	命	梗开三去庚明	miŋ²¹³	miŋ³¹³
0863	镜	梗开三去庚见	tɕiŋ³³⁴	tɕiŋ³³⁴
0864	庆	梗开三去庚溪	tɕʰiŋ³³⁴	tɕʰiŋ³³⁴
0865	迎	梗开三平庚疑	ȵiŋ²²¹	iŋ²²¹
0866	影	梗开三上庚影	ɛ̃⁵³³白 iŋ⁵³³文	ɛ̃⁵³³白 iŋ⁵³³文
0867	剧戏~	梗开三入陌群	dʑy?²³	dʑiɔ?²³
0868	饼	梗开三上清帮	piŋ⁵³³	piŋ⁵³³
0869	名	梗开三平清明	miŋ²²¹	miŋ²²¹
0870	领	梗开三上清来	liŋ¹³	liŋ¹³
0871	井	梗开三上清精	tɕiŋ⁵³³	tɕiŋ⁵³³
0872	清	梗开三平清清	tɕʰiŋ⁴⁵	tɕʰiŋ⁴⁵
0873	静	梗开三上清从	ʑiŋ¹³	ʑiŋ¹³
0874	姓	梗开三去清心	ɕiŋ³³⁴	ɕiŋ³³⁴
0875	贞	梗开三平清知	tɕiŋ⁴⁵	tɕiŋ⁴⁵
0876	程	梗开三平清澄	dʑiŋ¹³	dʑiŋ²²¹
0877	整	梗开三上清章	tɕiŋ⁵³³	tɕiŋ⁵³³
0878	正~反	梗开三去清章	tɕiŋ³³⁴	tɕiŋ³³⁴
0879	声	梗开三平清书	ɕiŋ⁴⁵	ɕiŋ⁴⁵
0880	城	梗开三平清禅	ʑiŋ²²¹	ʑiŋ²²¹
0881	轻	梗开三平清溪	tɕʰiŋ⁴⁵	tɕʰiŋ⁴⁵
0882	赢	梗开三平清以	iŋ²²¹	iŋ²²¹
0883	积	梗开三入昔精	tɕi?⁵	tɕi?⁵
0884	惜	梗开三入昔心	ɕi?⁴⁵	ɕy?⁵

续表

编号	单　字	音韵地位	老男音	青男音
0885	席	梗开三入昔邪	ʑiʔ²³	ʑiʔ²³
0886	尺	梗开三入昔昌	tɕʰiʔ⁵	tɕʰiʔ⁵
0887	石	梗开三入昔禅	ʑiʔ²³	ʑiʔ²³
0888	益	梗开三入昔影	iʔ⁵	iʔ⁵
0889	瓶	梗开四平青并	biŋ²²¹	biŋ²²¹
0890	钉名词	梗开四平青端	tiŋ⁴⁵	tiŋ⁴⁵
0891	顶	梗开四上青端	tiŋ⁵³³	tiŋ⁵³³
0892	厅	梗开四平青透	tʰiŋ⁴⁵	tʰiŋ⁴⁵
0893	听～见	梗开四平青透	tʰiŋ³³⁴	tʰiŋ³³⁴
0894	停	梗开四平青定	diŋ²²¹	diŋ²²¹
0895	挺	梗开四上青定	tʰiŋ⁵³³	tʰiŋ⁵³³
0896	定	梗开四去青定	diŋ²¹³	diŋ³¹³
0897	零	梗开四平青来	liŋ²²¹	liŋ²²¹
0898	青	梗开四平青清	tɕʰiŋ⁴⁵	tɕʰiŋ⁴⁵
0899	星	梗开四平青心	ɕiŋ⁴⁵	ɕiŋ⁴⁵
0900	经	梗开四平青见	tɕiŋ⁴⁵	tɕiŋ⁴⁵
0901	形	梗开四平青匣	iŋ²²¹	iŋ²²¹
0902	壁	梗开四入锡帮	piʔ⁵	piʔ⁵
0903	劈	梗开四入锡滂	pʰiɛʔ⁵	pʰiɛʔ⁵
0904	踢	梗开四入锡透	tʰiʔ⁵	tʰiʔ⁵
0905	笛	梗开四入锡定	diɛʔ²³	diʔ²³
0906	历农～	梗开四入锡来	liʔ²³	liʔ²³
0907	锡	梗开四入锡心	ɕiʔ⁵	ɕiʔ⁵
0908	击	梗开四入锡见	tɕiʔ⁵	tɕiʔ⁵

续表

编号	单 字	音韵地位	老男音	青男音
0909	吃	梗开四入锡溪	tɕʰiʔ⁵	tɕʰiʔ⁵
0910	横 ~竖	梗合二平庚匣	yaŋ²²¹	yaŋ²²¹
0911	划 计~	梗合二入麦匣	uaʔ²³	uaʔ²³
0912	兄	梗合三平庚晓	ɕioŋ⁴⁵	ɕioŋ⁴⁵
0913	荣	梗合三平庚云	ioŋ²²¹	ioŋ²²¹
0914	永	梗合三上庚云	ioŋ¹³	ioŋ¹³
0915	营	梗合三平清以	iŋ²²¹	iŋ²²¹
0916	蓬 ~松	通合一平东并	bəŋ²²¹	bəŋ²²¹
0917	东	通合一平东端	təŋ⁴⁵	təŋ⁴⁵
0918	懂	通合一上东端	təŋ⁵³³	təŋ⁵³³
0919	冻	通合一去东端	təŋ³³⁴	təŋ³³⁴
0920	通	通合一平东透	tʰəŋ⁴⁵	tʰəŋ⁴⁵
0921	桶	通合一上东透	dəŋ¹³	dəŋ¹³
0922	痛	通合一去东透	tʰəŋ³³⁴	tʰəŋ³³⁴
0923	铜	通合一平东定	dəŋ²²¹	dəŋ²²¹
0924	动	通合一上东定	dəŋ¹³	dəŋ¹³
0925	洞	通合一去东定	dəŋ²¹³	dəŋ³¹³
0926	聋	通合一平东来	ləŋ²²¹	ləŋ²²¹
0927	弄	通合一去东来	ləŋ²¹³	ləŋ³¹³
0928	粽	通合一去东精	tsəŋ³³⁴	tsəŋ³³⁴
0929	葱	通合一平东清	tsʰəŋ⁴⁵	tsʰəŋ⁴⁵
0930	送	通合一去东心	səŋ³³⁴	səŋ³³⁴
0931	公	通合一平东见	kəŋ⁴⁵	kəŋ⁴⁵
0932	孔	通合一上东溪	kʰəŋ⁵³³	kʰəŋ⁵³³

续表

编号	单 字	音韵地位	老男音	青男音
0933	烘~干	通合一平东晓	$\varepsilon i \partial \eta^{45}$白 $x \partial \eta^{45}$文	$\varepsilon i \partial \eta^{45}$白 $x \partial \eta^{45}$文
0934	红	通合一平东匣	$\partial \eta^{221}$	$\partial \eta^{221}$
0935	翁	通合一平东影	$\partial \eta^{45}$	$u \tilde{\varepsilon}^{45}$白 $\partial \eta^{45}$文
0936	木	通合一入屋明	$m \partial ɯ ?^{23}$	$m \partial ɯ ?^{23}$
0937	读	通合一入屋定	$d \partial ɯ ?^{23}$	$d \partial ɯ ?^{23}$
0938	鹿	通合一入屋来	$l \partial ɯ ?^{23}$白 $l \mathfrak{d} ?^{23}$文	$l \partial ɯ ?^{23}$
0939	族	通合一入屋从	$dz \partial ɯ ?^{23}$	$dz \partial ɯ ?^{23}$
0940	谷稻~	通合一入屋见	$k \partial ɯ ?^{5}$	$k \partial ɯ ?^{5}$
0941	哭	通合一入屋溪	$k^{h} \partial ɯ ?^{5}$	$k^{h} \partial ɯ ?^{5}$
0942	屋	通合一入屋影	$\partial ɯ ?^{5}$	u^{45}
0943	冬~至	通合一平冬端	$t \partial \eta^{45}$	$t \partial \eta^{45}$
0944	统	通合一去冬透	$t^{h} \partial \eta^{533}$	$t^{h} \partial \eta^{533}$
0945	脓	通合一平冬泥	$n \partial \eta^{213}$	$n \partial \eta^{313}$
0946	松~紧	通合一平冬心	$s \partial \eta^{45}$	$s \partial \eta^{45}$
0947	宋	通合一去冬心	$s \partial \eta^{334}$	$s \partial \eta^{334}$
0948	毒	通合一入沃定	$d \partial ɯ ?^{23}$	$d \partial ɯ ?^{23}$
0949	风	通合三平东非	$f \partial \eta^{45}$	$f \partial \eta^{45}$
0950	丰	通合三平东敷	$f \partial \eta^{45}$	$f \partial \eta^{45}$
0951	凤	通合三去东奉	$v \partial \eta^{213}$	$v \partial \eta^{313}$
0952	梦	通合三去东明	$m \partial \eta^{213}$	$m \partial \eta^{313}$
0953	中当~	通合三平东知	$t \partial \eta^{45}$	$t \partial \eta^{45}$
0954	虫	通合三平东澄	$dz i \partial \eta^{221}$	$dz i \partial \eta^{221}$

续表

编号	单 字	音韵地位	老男音	青男音
0955	终	通合三平东章	tɕiɔŋ⁴⁵	tɕiɔŋ⁴⁵
0956	充	通合三平东昌	tɕʰiɔŋ⁴⁵	tɕʰiɔŋ⁴⁵
0957	宫	通合三平东见	kəŋ⁴⁵	kəŋ⁴⁵
0958	穷	通合三平东群	dʑiɔŋ²²¹	dʑiɔŋ²²¹
0959	熊	通合三平东云	ʑiɔŋ²²¹	ʑiɔŋ²²¹
0960	雄	通合三平东云	iɔŋ²²¹白 ʑiɔŋ²²¹文	iɔŋ²²¹
0961	福	通合三入屋非	fəɯʔ⁵	fəɯʔ⁵
0962	服	通合三入屋奉	vəɯʔ²³	vəɯʔ²³
0963	目	通合三入屋明	məɯʔ²³	məɯʔ²³
0964	六	通合三入屋来	ləɯʔ²³	ləɯʔ²³
0965	宿住~，~舍	通合三入屋心	ɕiɔʔ⁵	ɕiɔʔ⁵
0966	竹	通合三入屋知	tiuʔ⁵	tiuʔ⁵
0967	畜~生	通合三入屋彻	tɕʰyɛʔ⁵	tɕʰiuʔ⁵
0968	缩	通合三入屋生	ɕiɔʔ⁵	ɕiɔʔ⁵
0969	粥	通合三入屋章	tɕiuʔ⁵	tɕiuʔ⁵
0970	叔	通合三入屋书	ɕiuʔ⁵	ɕiuʔ⁵
0971	熟	通合三入屋禅	dʑiuʔ²³白 ʑiuʔ²³文	dʑiuʔ²³白 ʑiuʔ²³文
0972	肉	通合三入屋日	ȵiuʔ²³	ȵiuʔ²³
0973	菊	通合三入屋见	tɕiuʔ⁵	tɕiuʔ⁵
0974	育	通合三入屋以	iuʔ⁵	iuʔ⁵
0975	封	通合三平钟非	fɔŋ⁴⁵	fɔŋ⁴⁵
0976	蜂	通合三平钟敷	fɔŋ⁴⁵	fɔŋ⁴⁵
0977	缝一条~	通合三去钟奉	vəŋ²¹³	vəŋ³¹³

续表

编号	单　字	音韵地位	老男音	青男音
0978	浓	通合三平钟泥	n̠ʑiəŋ²²¹	n̠ʑiəŋ²²¹
0979	龙	通合三平钟来	liəŋ²²¹	liəŋ²²¹
0980	松~树	通合三平钟邪	zɛ̃¹³	zɛ̃¹³
0981	重轻~	通合三上钟澄	dʑiəŋ¹³	dʑiəŋ¹³
0982	肿	通合三上钟章	iəŋ⁵³³	iəŋ⁵³³
0983	种~树	通合三去钟章	iəŋ³³⁴	iəŋ³³⁴
0984	冲	通合三平钟昌	tɕʰiəŋ⁴⁵	tɕʰiəŋ⁴⁵
0985	恭	通合三平钟见	kəŋ⁴⁵	kəŋ⁴⁵
0986	共	通合三去钟群	dʑiəŋ²¹³白 gəŋ²¹³文	dʑiəŋ³¹³白 gəŋ³¹³文
0987	凶吉~	通合三平钟晓	ɕiəŋ⁴⁵	ɕiəŋ⁴⁵
0988	拥	通合三上钟影	iəŋ⁴⁵	iəŋ⁴⁵
0989	容	通合三平钟以	iəŋ²²¹	iəŋ²²¹
0990	用	通合三去钟以	iəŋ²¹³	iəŋ³¹³
0991	绿	通合三入烛来	liəʔ²³	liəʔ²³
0992	足	通合三入烛精	tɕiəʔ⁵	tsəʔ⁵
0993	烛	通合三入烛章	tɕiəʔ⁵	tɕiəʔ⁵
0994	赎	通合三入烛船	ziəʔ²³	ziəʔ²³
0995	属	通合三入烛禅	ziəʔ²³	ziəʔ²³
0996	褥	通合三入烛日	n̠ʑiəʔ²³	n̠ʑiəʔ²³
0997	曲~折,歌~	通合三入烛溪	tɕʰiəʔ⁵白 tɕʰyɛʔ⁵文	tɕʰiəʔ⁵
0998	局	通合三入烛群	dʑiəʔ²³	dʑiəʔ²³
0999	玉	通合三入烛疑	ŋiəʔ²³	ŋiəʔ²³
1000	浴	通合三入烛以	iuʔ²³	iuʔ²³

说明：

（1）"0031 骂"方言不说，老男系文读。"骂"方言说"謷"。

（2）"0041 姐"方言不说。"姐"方言说"姊"。

（3）"0107 数动词"方言不说。"数动词"方言说"算"。

（4）"0394 喊"方言不说。"喊"方言说"呕"。

（5）"0470 看～见"方言不说。"看～见"方言说"望"。

（6）"0691 橘"方言不说，老男系文读。"橘"方言说"桔"。

第三章　词　汇

一、天文地理

编号	词　条	发　音
0001	太阳~下山了	日头 nɛʔ²³ du²²¹
0002	月亮~出来了	月光 n̠yɛʔ² koŋ⁴⁵
0003	星星	天星 tʰiɛ̃³³ ɕiŋ⁴⁵
0004	云	云 yŋ²²¹
0005	风	风 fəŋ⁴⁵
0006	台风	台风 dei²¹ fəŋ⁴⁵
0007	闪电名词	霍闪 xɔʔ⁵ ɕiɛ̃³³⁴
0008	雷	天雷 tʰiɛ̃⁵⁵ lei²¹³
0009	雨	雨 yɛ¹³
0010	下雨	洞＝雨 dəŋ²¹ yɛ¹³
0011	淋衣服被雨~湿了	浞 ziɔʔ²³
0012	晒~粮食	晒 sɒ³³⁴
0013	雪	雪 ɕyɛʔ⁵
0014	冰	冰骨＝照＝ piŋ³³ kuɛʔ⁵ tɕuɐ³³⁴

续表

编号	词　条	发　音
0015	冰雹	龙雹 lieŋ²¹ bɔʔ²³
0016	霜	霜 ɕiɔŋ⁴⁵
0017	雾	雾 muə²¹³
0018	露	露烑 luə¹³ y⁵³³
0019	虹统称	山□ saŋ⁵⁵ xɔŋ³³⁴
0020	日食	犬咥日头 tɕʰiɛ̃⁵³ tiɛʔ⁵ nɐʔ²³ du²²¹
0021	月食	犬咥月光 tɕʰiɛ̃⁵³ tiɛʔ⁵ ȵyɛʔ² kɔŋ⁴⁵
0022	天气	天意⁼ tʰiɛ̃⁵⁵ i³³⁴
0023	晴天~	晴 ziŋ²²¹
0024	阴天~	阴 iŋ⁴⁵
0025	旱天~	旱 uɛ̃²¹³
0026	涝天~	涝 lɐɯ²²¹
0027	天亮	天光 tʰiɛ̃³³ kɔŋ⁴⁵
0028	水田	烑田 y⁵³ diɛ̃²²¹
0029	旱地浇不上水的耕地	旱田 uɛ̃¹³ diɛ̃²²¹
0030	田埂	田塍 diɛ̃²² ziŋ²¹³
0031	路野外的	路 luə²¹³
0032	山	山 saŋ⁴⁵
0033	山谷	山坳 saŋ³³ uɛ̃⁴⁵
0034	江大的河	江 kɔŋ⁴⁵
0035	溪小的河	溪 tɕʰiɛ⁴⁵
0036	水沟儿较小的水道	坑 tɕʰiaŋ⁴⁵
0037	湖	湖 uə²²¹
0038	池塘	池塘 zɤ²² dɔŋ²¹³

续表

编号	词　条	发　音
0039	水坑儿地面上有积水的小洼儿	㳠窟塘 y⁵³kʰuɛʔ⁵dəŋ²²¹
0040	洪水	大㳠 du¹³y⁵³³
0041	淹被水～了	浸 tsəŋ³³⁴
0042	河岸	岸 uɛ̃²¹³
0043	坝拦河修筑拦水的	坝 pɒ³³⁴
0044	地震	地震 di¹³tɕiŋ⁵³³
0045	窟窿小的	窟窿 kʰuɛʔ³ləŋ⁴⁵
0046	缝儿统称	坼 tʰiaʔ⁵
0047	石头统称	磹壳 daŋ²¹kʰɔʔ⁵
0048	土统称	泥 ȵiŋ²²¹
0049	泥湿的	烂泥 laŋ¹³ȵiŋ²²¹
0050	水泥旧称	洋灰 iaŋ²¹xuei⁴⁵
0051	沙子	沙 sa⁴⁵
0052	砖整块的	砖 tɕyɛ̃⁴⁵
0053	瓦整块的	处瓦 tɕʰyɛʔ⁵ŋɒ¹³
0054	煤	煤 mei²²¹
0055	煤油	洋油 iaŋ²²iɯ²¹³
0056	炭木炭	炭 tʰaŋ³³⁴
0057	灰燃烧后剩下的粉末	灰 xuei⁴⁵
0058	灰尘桌面上的	灰塕 xuei³³əŋ⁵³³
0059	火	火 xu⁵³³
0060	烟烧火形成的	烟 iɛ̃⁴⁵
0061	失火	火着起 xu⁵³dei¹³tɕʰiʔ⁵
0062	水	㳠 y⁵³³

续表

编号	词　条	发　音
0063	凉水	浸桬 tsʰəŋ³³ y⁵³³
0064	热水如洗脸的热水，不是指喝的开水	汤 tʰɔŋ⁴⁵
0065	开水喝的	沸汤 pei⁵³ tʰɔŋ⁴⁵
0066	磁铁	吸铁吸 ɕiʔ⁵ tʰiɛʔ³ ɕiʔ⁵

二、时间方位

编号	词　条	发　音
0067	时候吃饭的～	时节 zɿ²¹ tɕiɛʔ⁵
0068	什么时候	哪□时间 na²¹ nəŋ⁴⁵ zɿ²¹ kaŋ⁴⁵
0069	现在	轧⁼在 gaʔ² zei¹³
0070	以前十年～	以前 i⁵³ ziɛ̃²²¹
0071	以后十年～	以后 i⁵³ u¹³
0072	一辈子	一生世 iʔ⁵ ɕiaŋ⁵⁵ ɕiɛ³³⁴
0073	今年	今年 kei⁵⁵ ȵiɛ̃²¹³
0074	明年	明年 ma²² ȵiɛ̃²¹³
0075	后年	后年 u¹³ ȵiɛ̃²²¹
0076	去年	去年 kʰei³³ ȵiɛ̃²²¹
0077	前年	前年 ziɛ̃²² ȵiɛ̃²¹³
0078	往年过去的年份	霉⁼日年 mei²² nɛʔ²³ ȵiɛ̃²²¹
0079	年初	年初 ȵiɛ̃²² tsʰuə⁴⁵
0080	年底	年底 ȵiɛ̃²² tie⁵³³
0081	今天	今日 kɛʔ³ nɛʔ⁵

编号	词　条	发　音
0082	明天	明日 maŋ²² nɛʔ²³
0083	后天	后日 u¹³ nɛʔ⁵
0084	大后天	大后日 du²² u¹³ nɛʔ⁵
0085	昨天	昨莫＝ zɔʔ² mɔʔ²³
0086	前天	前日 ʑiɛ̃²² nɛʔ²³
0087	大前天	大前日 du¹³ ʑiɛ̃²² nɛʔ²³
0088	整天	整日儿 tɕiŋ⁵³ nɛʔ²³ ȵiɛ²²¹
0089	每天	每日 mei¹³ nɛʔ⁵
0090	早晨	天光早 tʰiɛ̃³³ kɔŋ⁴⁵ tsɐɯ⁵³³
0091	上午	天光 tʰiɛ̃³³ kɔŋ⁴⁵
0092	中午	正日午 tɕiŋ³³ nɛ̃²² ŋuə¹³
0093	下午	日午 nɛ̃²² ŋuə¹³
0094	傍晚	黄昏根 ɔŋ²¹ xuɛ̃³³ kɛ̃⁴⁵
0095	白天	日间 nɛʔ²³ kaŋ³³⁴
0096	夜晚 与白天相对,统称	黄昏 ɔŋ²¹ xuɛ̃⁴⁵
0097	半夜	半暝三更 pɛ̃³³ miaŋ²² saŋ³³ kaŋ⁴⁵
0098	正月 农历	正月 tɕiŋ⁴⁵ ȵyɛʔ²
0099	大年初一 农历	正月初一 tɕiŋ⁴⁵ ȵyɛʔ² tɕʰiu³³ iʔ⁵
0100	元宵节	正月十五 tɕiŋ⁴⁵ ȵyɛʔ² zyɛʔ² ŋuə¹³
0101	清明	清明 tɕʰiŋ⁵⁵ miŋ²¹³
0102	端午	端午 tɛ̃⁵⁵ ŋuə¹³
0103	七月十五 农历,节日名	鬼节 kuei⁵³ tɕiɛʔ⁵
0104	中秋	八月半 paʔ⁵ ȵyɛʔ² pɛ̃³³⁴
0105	冬至	冬至 təŋ⁵⁵ tsɿ³³⁴

续表

编号	词　条	发　音
0106	腊月_{农历十二月}	十二月 ʑyɛʔ²³ n̠i²¹ n̠yɛʔ²³
0107	除夕_{农历}	三十暝 saŋ³³ ʑyɛʔ² miaŋ²¹³
0108	历书	黄历 ɔŋ²¹ liʔ²³
0109	阴历	阴历 iŋ⁴⁵ liʔ²³
0110	阳历	阳历 iaŋ²¹ liʔ²³
0111	星期天	星期日 ɕiŋ⁵⁵ dzʅ²¹ nɛʔ²³
0112	地方	地方 di²¹ fɔŋ⁴⁵
0113	什么地方	哪盪⁼ laʔ² lɔŋ¹³
0114	家里	处里 tɕʰyɛ³³ lei⁴⁵
0115	城里	县里 yɛ̃²¹ lei⁴⁵
0116	乡下	乡下 ɕiaŋ⁵⁵ iɒ¹³
0117	上面_{从~滚下来}	上底 dziaŋ¹³ tiɛ⁵³³
0118	下面_{从~爬上去}	下底 iɒ¹³ tiɛ⁵³³
0119	左边	反手面 faŋ⁵³ tɕʰyɛ⁵⁵ miɛ̃²¹³
0120	右边	顺手面 ʑyŋ²¹ tɕʰyɛ⁵⁵ miɛ̃²¹³
0121	中间_{排队排在~}	中央 təŋ³³ iaŋ⁴⁵
0122	前面_{排队排在~}	前头 ʑyɛ̃²² du²¹³
0123	后面_{排队排在~}	窟臀后 kʰuɛʔ⁵ dɛ̃²¹ u¹³
0124	末尾_{排队排在~}	尾丢⁼ miʔ² tiɯ⁴⁵
0125	对面	对面 tei⁵⁵ miɛ̃²¹³
0126	面前	面前 miɛ̃¹³ ʑyɛ̃²²¹
0127	背后	背后 pei⁵⁵ u¹³
0128	里面_{躲在~}	内底 nei¹³ tiɛ⁵³³
0129	外面_{衣服晒在~}	外底 ua¹³ tiɛ⁵³³

续表

编号	词　条	发　音
0130	旁边	边上 pie͂^{45} dʑiaŋ^{0}
0131	上碗在桌子~	上 dʑiaŋ^{13}
0132	下凳子在桌子~	下 iŋ^{13}
0133	边儿桌子的~	边 pie͂^{45}
0134	角儿桌子的~	角 kɔʔ^{5}
0135	上去他~了	上去 dʑiaŋ^{22} kʰʏ^{334}
0136	下来他~了	落来 lɔʔ^{23} lei^{221}
0137	进去他~了	挖═归去 uaʔ^{5} kuei^{33} kʰʏ^{0}
0138	出来他~了	挖═出来 uaʔ^{5} tɕʰyɛʔ^{3} lei^{0}
0139	出去他~了	出去 tɕʰyɛʔ^{5} kʰʏ^{334}
0140	回来他~了	归来 kuei^{33} lei^{221}
0141	起来天冷~了	起 tɕʰiʔ^{5}

三、植　物

编号	词　条	发　音
0142	树	树 dʑiɯ^{213}
0143	木头	木头 məɯʔ^{23} du^{221}
0144	松树统称	松树 zɛ͂^{13} dʑiɯ^{213}
0145	柏树统称	柏树 piaʔ^{5} dʑiɯ^{213}
0146	杉树	杉树 saŋ^{55} dʑiɯ^{213}
0147	柳树	杨柳树 iaŋ^{13} liu^{22} dʑiɯ^{213}
0148	竹子统称	竹 tiɯʔ^{5}

续表

编号	词 条	发 音
0149	笋	笋 səŋ⁵³³
0150	叶子	叶 iɛʔ²³
0151	花	花 xɒ⁴⁵
0152	花蕾_{花骨朵}	花蕾儿 xɒ⁵⁵ lei¹³ ȵiɛ²²¹
0153	梅花	梅花 mei²¹ xɒ⁴⁵
0154	牡丹	牡丹 məŋ²¹ taŋ⁴⁵
0155	荷花	荷花 u²¹ xɒ⁴⁵
0156	草	草 tsʰɐɯ⁵³³
0157	藤	龙 liɔŋ²²¹
0158	刺_{名词}	刺 tɕʰiɛ³³⁴
0159	水果	枛果 y⁵³ ku⁵³³
0160	苹果	苹果 biŋ¹³ ku⁵³³
0161	桃子	桃 dɒ²²¹
0162	梨	梨 li²²¹
0163	李子	李儿 li¹³ ȵiɛ²²¹
0164	杏	杏梅 aŋ¹³ mei²²¹
0165	橘子	桔 tɕiʔ⁵
0166	柚子	抛⁼ pʰɐɯ⁴⁵
0167	柿子	柿 ʑiu¹³
0168	石榴	金槟 ɕiŋ³³ piaŋ⁴⁵
0169	枣	枣 tsɐɯ⁵³³
0170	栗子	大栗 du²² ləɯʔ²³
0171	核桃	核桃 ɛʔ²³ dɐɯ²²¹
0172	银杏_{白果}	白果 biaʔ²³ ku⁵³³

续表

编号	词　条	发　音
0173	甘蔗	糖蔗 dɔŋ²² tɕin³³⁴
0174	木耳	木耳 məɯʔ² n̩i¹³
0175	蘑菇野生的	蕈 ʑiŋ¹³
0176	香菇	香菇 ɕiaŋ³³ ku⁴⁵
0177	稻子指植物	谷 kəɯʔ⁵
0178	稻谷指籽实（脱粒后是大米）	谷 kəɯʔ⁵
0179	稻草指脱粒后的	稿头 kɐɯ³³ du²²¹
0180	大麦指植物	大麦 du²¹ miaʔ²³
0181	小麦指植物	小麦 ɕiɐɯ⁵³ miaʔ²³
0182	麦秸脱粒后的	麦秆 miaʔ²³ kuɛ̃⁵³³
0183	谷子指植物（籽实脱粒后是小米）	黄粟 ɔŋ²¹ səɯʔ⁵
0184	高粱指植物	高粱 kɐɯ⁵⁵ liaŋ²¹³
0185	玉米指成株的植物	包萝 pɐɯ⁵⁵ lu²¹³
0186	棉花指植物	棉花 miɛ̃²¹ xɒ⁴⁵
0187	油菜油料作物,不是蔬菜	油菜 iɯ²² tsʰei³³⁴
0188	芝麻	油麻 iɯ²² mu²¹³
0189	向日葵指植物	日头花 nɛʔ²³ du²¹ xɒ⁴⁵
0190	蚕豆	佛豆 vəɯʔ²³ du²¹³
0191	豌豆	麦豆 miaʔ²³ du²¹³
0192	花生指果实,注意婉称	落壳生 lɔʔ² kʰɔʔ³ ɕiaŋ⁴⁵
0193	黄豆	黄豆 ɔŋ²² du²¹³
0194	绿豆	绿豆 liɔʔ²³ du²¹³
0195	豇豆长条形的	豇豆 kɔŋ⁵⁵ du²¹³
0196	大白菜东北～	大白菜 du¹³ biaʔ² tsʰei³³⁴

续表

编号	词条	发音
0197	包心菜卷心菜,圆白菜,指球形的	包心菜 pɐɯ³³ɕiŋ⁵⁵tsʰei³³⁴
0198	菠菜	菠薐 pu⁵⁵lɛ̃²¹³
0199	芹菜	川ᵘ葱 tɕʰyɛ̃³³tsʰəŋ⁴⁵
0200	莴笋	莴苣笋 uə⁵⁵tɕy³³səŋ⁵³³
0201	韭菜	韭菜 tɕiɯ⁵³tsʰei³³⁴
0202	香菜芫荽	芫荽 ȵyɛ̃²²ɕyɛ³³⁴
0203	葱	葱 tsʰəŋ⁴⁵
0204	蒜	大蒜 da²²sɛ̃³³⁴
0205	姜	姜 tɕiaŋ⁴⁵
0206	洋葱	洋葱 iaŋ²¹tsʰəŋ⁴⁵
0207	辣椒统称	番椒 faŋ³³tɕiɐɯ⁴⁵
0208	茄子统称	落苏 lɔʔ²suə⁴⁵
0209	西红柿	番茄 faŋ³³dziɒ²²¹
0210	萝卜统称	菜头 tsʰei³³du²²¹
0211	胡萝卜	红菜头儿 əŋ²¹tsʰei³³du²²ȵiɛ²¹³
0212	黄瓜	黄瓜 əŋ²¹kɒ⁴⁵
0213	丝瓜无棱的	天萝 tʰiɛ̃⁵⁵lu²¹³
0214	南瓜扁圆形或梨形,成熟时赤褐色	金瓜 tɕiŋ³³kɒ⁴⁵
0215	荸荠	荸荠 buə²²dziɛ²¹³
0216	红薯统称	番薯 faŋ⁵⁵dziɛ²¹³
0217	马铃薯	洋芋 iaŋ¹³yɛ²¹³
0218	芋头	芋头 yɛ¹³du²²¹
0219	山药圆柱形的	野薯 iɒ¹³dziɛ²²¹
0220	藕	藕 ŋəɯ¹³

四、动　物

编号	词　　条	发　　音
0221	老虎	大猫 du¹³ mɐɯ²²¹
0222	猴子	苦猏 kʰuə⁵³ ɕyɛ̃⁴⁵
0223	蛇统称	蛇 ʑiɒ²²¹
0224	老鼠家里的	老鼠 lɐɯ¹³ tɕʰiɛ⁵³³
0225	蝙蝠	皮翼 bi²¹ iʔ⁵
0226	鸟儿飞鸟,统称	鸟儿 tiɐɯ³³ ȵiɛ²²¹
0227	麻雀	麻雀鸟儿 məɯʔ² tɕiʔ⁵ tiɐɯ³³ ȵiɛ²²¹
0228	喜鹊	喜鹊 sɿ⁵³ tɕʰiaʔ⁵
0229	乌鸦	老鸦 lɐɯ²² ŋ⁴⁵
0230	鸽子	鸽儿 kɛʔ⁵ ȵiɛ²²¹
0231	翅膀鸟的,统称	力﹦息﹦ liʔ² ɕiʔ⁵
0232	爪子鸟的,统称	骹爪 kʰɐ³³ tsɐɯ⁵³³
0233	尾巴	尾丢﹦ miʔ² tiɯ⁴⁵
0234	窝鸟的	窠 kʰu⁴⁵
0235	虫子统称	虫 dziɒŋ²²¹
0236	蝴蝶统称	蝴蝶 uə²¹ diɛʔ²³
0237	蜻蜓统称	荒﹦鸟 mɐi⁵⁵ xɒŋ tiɐɯ³³⁴
0238	蜜蜂	蜂 fəŋ⁴⁵
0239	蜂蜜	蜂糖 fəŋ⁵⁵ dɒŋ²¹³
0240	知了统称	凉﹦凉﹦咽 liaŋ²² liaŋ²¹ i⁴⁵
0241	蚂蚁	蚁蚁 ŋa⁵⁵ ŋa³³⁴

续表

编号	词　条	发　音
0242	蚯蚓	蝼蟥 lu¹³ xɛ̃⁵³³
0243	蚕	蚕 zɛ̃²²¹
0244	蜘蛛会结网的	蟢 sʅ⁵³³
0245	蚊子统称	蟆虫 miŋ²² dziɔŋ²¹³
0246	苍蝇统称	苍蝇 tsʰɔŋ⁵⁵ ɕiŋ³³⁴
0247	跳蚤咬人的	跳蚤 tʰuɐi³³ tsʉɐt⁵³³
0248	虱子	虱 ɕiuʔ⁵
0249	鱼	鱼 ŋɤ²²¹
0250	鲤鱼	鲤鱼 li¹³ ŋɤ²²¹
0251	鳙鱼胖头鱼	大头鱼 du¹³ du²² ŋɤ²¹³
0252	鲫鱼	鲫鱼丬 tɕiʔ³ ŋɤ²² baŋ²¹³
0253	甲鱼	鳖 piɛʔ⁵
0254	鳞鱼的	屑 iɛ̃⁵³³
0255	虾统称	虾儿 xu⁵⁵ ȵiɛ²¹³
0256	螃蟹统称	蟹 xa⁵³³
0257	青蛙统称	蛤蟆 dziŋ²² mɒ²¹³
0258	癞蛤蟆表皮多疙瘩的	黄疙 ɔŋ²¹ kaʔ⁵
0259	马	马 mɒ¹³
0260	驴	驴 lyɛ²²¹
0261	骡	骡 lu²²¹
0262	牛	牛 ȵiɯ²²¹
0263	公牛统称	牛牯 ȵiɯ¹³ kuə⁵³³
0264	母牛统称	牛娘 ȵiɯ²² ȵiaŋ²¹³
0265	放牛	寻⁼牛 yɛ⁵³ ȵiɯ²²¹

编号	词 条	发 音
0266	羊	羊 iaŋ^{221}
0267	猪	猪 tɒ^{45}
0268	种猪配种用的公猪	猪牯 tɒ^{33}kuə^{533}
0269	公猪成年的,已阉的	公猪 kəŋ^{33}tɒ^{45}
0270	母猪成年的,未阉的	猪娘 tɒ^{55}ȵiaŋ^{213}
0271	猪崽	小猪儿 ɕiɐɯ^{33}tɒ^{55}ȵiɛ^{213}
0272	猪圈	猪栏 tɒ^{55}laŋ^{213}
0273	养猪	养猪 ioŋ^{22}tɒ^{45}
0274	猫	猫儿 miɐɯ^{22}ȵiɛ^{213}
0275	公猫	猫儿牯 miɐɯ^{22}ȵiɛ^{13}kuə^{533}
0276	母猫	猫儿娘 miɐɯ^{13}ȵiɛ^{22}ȵiaŋ^{213}
0277	狗统称	犬 tɕʰiɛ̃^{533}
0278	公狗	犬牯 tɕʰiɛ̃^{33}kuə^{533}
0279	母狗	犬娘 tɕʰiɛ̃^{33}ȵiaŋ^{221}
0280	叫狗~	吠 bi^{13}
0281	兔子	兔儿 tʰuə^{33}ȵiɛ^{221}
0282	鸡	鸡 iɛ^{45}
0283	公鸡成年的,未阉的	荒鸡 xɔŋ^{33}iɛ^{45}
0284	母鸡已下过蛋的	鸡娘 iɛ^{55}ȵiaŋ^{213}
0285	叫公鸡~(即打鸣儿)	叫 iɐɯ^{334}
0286	下鸡~蛋	生 ɕiaŋ^{45}
0287	孵~小鸡	伏 buə^{213}
0288	鸭	鸭 aʔ^{5}
0289	鹅	鹅 ŋu^{221}

续表

编号	词　条	发　音
0290	郔～公的猪	抵= tiɛ⁵³³
0291	郔～母的猪	羯 tɕiɛʔ⁵
0292	郔～鸡	羯 tɕiɛʔ⁵
0293	喂～猪	饲 zɤ²¹³
0294	杀猪统称，注意婉称	抵= 猪 tiɛ⁵³ tɒ⁴⁵
0295	杀～鱼	破 pʰa³³⁴

五、房舍器具

编号	词　条	发　音
0296	村庄一个～	村 tsʰ ɛ̃⁴⁵
0297	胡同统称：一条～	弄 ləŋ²¹³
0298	街道	街 ka⁴⁵
0299	盖房子	徛处 gei²² tɕʰyɛ³³⁴
0300	房子整座的，不包括院子	处 tɕʰyɛ³³⁴
0301	屋子房子里分隔而成的，统称	房间 vɔŋ²¹ kaŋ⁴⁵
0302	卧室	房间 vɔŋ²¹ kaŋ⁴⁵
0303	茅屋茅草等盖的	寮棚 liɐɯ²² bəŋ²¹³
0304	厨房	镬灶下 ɔʔ²ɱɐɯ⁵³ɕiɒ¹³
0305	灶统称	镬灶 ɔʔ²³ɱɐɯ³³⁴
0306	锅统称	壳镬 kʰɔʔ⁵ ɔʔ²³
0307	饭锅煮饭的	饭镬 vaŋ²² ɔʔ²³
0308	菜锅炒菜的	菜镬 tsʰei³³ ɔʔ²³

编号	词 条	发 音
0309	厕所旧式的，统称	粪缸 $p\tilde{\epsilon}^{53}k\mathrm{o}\mathrm{\eta}^{45}$
0310	檩左右方向的	桁条 $a\mathrm{\eta}^{22}diɐɯ^{213}$
0311	柱子	柱 $dʑyɛ^{13}$
0312	大门	大门 $du^{13}mə\mathrm{\eta}^{221}$
0313	门槛儿	门妗= $mə\mathrm{\eta}^{22}dʑy\tilde{\epsilon}^{13}$
0314	窗旧式的	庥窗 $k^{h}a\mathrm{\eta}^{33}tɕ^{h}iə\mathrm{\eta}^{45}$
0315	梯子可移动的	楼梯 $lu^{21}t^{h}ei^{45}$
0316	扫帚统称	笐帚 $ɕyɛ^{33}yɛ^{533}$
0317	扫地	扫地 $suə^{55}di^{213}$
0318	垃圾	垃圾 $lɔʔ^{2}sɔʔ^{5}$
0319	家具统称	家具 $kɒ^{55}dʑy^{213}$
0320	东西我的～	东西 $tə\mathrm{\eta}^{33}ɕiɛ^{45}$
0321	炕土、砖砌的，睡觉用	（无）
0322	床木制的，睡觉用	门床 $mə\mathrm{\eta}^{22}z\tilde{\epsilon}^{213}$
0323	枕头	枕头 $ts\tilde{\epsilon}^{33}du^{221}$
0324	被子	被 bi^{13}
0325	棉絮	棉花 $mi\tilde{\epsilon}^{21}xɒ^{45}$
0326	床单	床单 $ziɔ\mathrm{\eta}^{21}ta\mathrm{\eta}^{45}$
0327	褥子	垫被 $di\tilde{\epsilon}^{21}bi^{13}$
0328	席子	草席 $ts^{h}ɯ^{53}ziʔ^{23}$
0329	蚊帐	蚊帐 $mə\mathrm{\eta}^{22}tia\mathrm{\eta}^{334}$
0330	桌子统称	桌 $tiɔʔ^{5}$
0331	柜子统称	橱 $dʑyɛ^{221}$
0332	抽屉桌子的	屉簏 $t^{h}əmɛʔ^{5}ləɯʔ^{23}$

续表

编号	词条	发音
0333	案子长条形的	□几 gəŋ²¹tsɿ⁴⁵
0334	椅子统称	交椅 kɐɯ³³y⁵³³
0335	凳子统称	凳 tiŋ³³⁴
0336	马桶有盖的	尿挈儿 ɕy³³tɕʰiɛʔ⁵n̠iɛ²²¹
0337	菜刀	薄刀 bəɯʔ²tɐɯ⁴⁵
0338	瓢舀水的	瓢 biɐɯ²²¹
0339	缸	缸 kɔŋ⁴⁵
0340	坛子装酒的~	坛 dɛ̃²¹³
0341	瓶子装酒的~	瓶儿 biŋ²²n̠iɛ²¹³
0342	盖子杯子的~	罱 kəŋ⁵³³
0343	碗统称	碗 uɛ̃⁵³³
0344	筷子	箸 dʑiɛ²¹³
0345	汤匙	瓢羹 biɐɯ²¹tɕiaŋ⁴⁵
0346	柴火统称	樵 ziɐɯ²²¹
0347	火柴	洋火 iaŋ¹³xu⁵³³
0348	锁	锁 su⁵³³
0349	钥匙	锁匙 su³³dʑiɛ²²¹
0350	暖水瓶	热水瓶 n̠iɛʔ²³ɕy⁵³biŋ²²¹
0351	脸盆	面桶 miɛ̃²²dəŋ¹³
0352	洗脸水	洗面汤 ɕiɛ⁵⁵miɛ̃²¹tʰɔŋ⁴⁵
0353	毛巾洗脸用	面巾 miɛ̃²¹tɕiŋ⁴⁵
0354	手绢	手巾包 ɕiɯ⁵⁵tɕiŋ³³pɐɯ⁴⁵
0355	肥皂洗衣服用	洋油皂 iaŋ²²iɯ²¹zɐɯ¹³
0356	梳子旧式的,不是篦子	头梳 dɯ²¹sʋ⁴⁵

续表

编号	词　条	发　音
0357	缝衣针	布针 puə⁵³tɕyŋ⁴⁵
0358	剪子	骹剪 kʰɐɯ³³tɕiɛ⁵³³
0359	蜡烛	蜡烛 laʔ²tɕiɔʔ⁵
0360	手电筒	电筒 diɛ̃¹³dəŋ²²¹
0361	雨伞挡雨的,统称	雨伞 yɛ¹³saŋ⁵³³
0362	自行车	脚踏车 tɕiaʔ⁵daʔ²tɕʰiŋ⁴⁵

六、服饰饮食

编号	词　条	发　音
0363	衣服统称	衣裳 i⁵⁵ziaŋ²¹³
0364	穿～衣服	着 tɛʔ⁵
0365	脱～衣服	褪 tʰəŋ³³⁴
0366	系～鞋带	缚 bɔʔ²³
0367	衬衫	衬衫 tɕʰyŋ³³saŋ⁴⁵
0368	背心带两条杠的,内衣	背褡儿 pei⁵³taʔ⁵n̠iɛ²²¹
0369	毛衣	毛线衫 mɐɯ²²ɕiɛ̃³³saŋ⁴⁵
0370	棉衣	棉管=心= miɛ̃¹³kuɛ̃⁵³ɕiŋ⁴⁵
0371	袖子	手椀 tɕʰyɛʔ³əŋ⁵³³
0372	口袋衣服上的	衣裳袋 i³³ziaŋ²²dei²¹³
0373	裤子	布裤 pɔʔ⁵kʰuə³³⁴
0374	短裤外穿的	西装短裤 ɕiɛ³³tsɔŋ⁴⁵tɛ̃⁵⁵kʰuə³³⁴
0375	裤腿	布裤筒 pɔʔ⁵kʰuə³³dəŋ²²¹

续表

编号	词　条	发　音
0376	帽子统称	帽 mɐɯ²¹³
0377	鞋子	鞋 a²²¹
0378	袜子	袜 maʔ²³
0379	围巾	围巾 uei²¹ tɕiŋ⁴⁵
0380	围裙	拦腰片 laŋ²¹ iɐɯ⁵⁵ pʰiɛ̃³³⁴
0381	尿布	尿片 ɕy⁵⁵ pʰiɛ̃³³⁴
0382	扣子	纽子 ȵiɯ¹³ tsɤ⁵³³
0383	扣~扣子	纽 ȵiɯ¹³
0384	戒指	戒指 ka³³ tsʅ⁵³³
0385	手镯	镯头 dziɔʔ²³ du²²¹
0386	理发	剃头 tʰiɛ³³ du²²¹
0387	梳头	梳头 sɒ⁵⁵ du²¹³
0388	米饭	饭 vaŋ²¹³
0389	稀饭用米熬的,统称	粥 tɕiuʔ⁵
0390	面粉麦子磨的,统称	面粉 miɛ̃¹³ fəŋ⁵³³
0391	面条统称	面 miɛ̃²¹³
0392	面儿玉米~,辣椒~	粉 fəŋ⁵³³
0393	馒头无馅的,统称	面包 miɛ̃²² pɐɯ⁴⁵
0394	包子	包子 pɐɯ⁴⁵ tsʅ⁰
0395	饺子	饺子 tɕiɐɯ⁴⁵ tsʅ⁰
0396	馄饨	面食 miɛ̃²² ziʔ²³
0397	馅儿	馅 ŋaŋ¹³
0398	油条长条形的,旧称	天萝絮 tʰiɛ̃³³ lu²² ɕiɛ³³⁴
0399	豆浆	豆腐浆 du²² vuə²¹ tɕiaŋ⁴⁵

续表

编号	词　条	发　音
0400	豆腐脑	豆腐花 du²² vuə²¹ xɒ⁴⁵
0401	元宵_{食品}	汤圆 tʰɔŋ⁵⁵ yɛ̃²¹³
0402	粽子	粽 tsəŋ³³⁴
0403	年糕_{用黏性大的米或米粉做的}	年糕 ȵiɛ̃²¹ kɐɯ⁴⁵
0404	点心_{统称}	点心 tiɛ̃⁵³ ɕiŋ⁴⁵
0405	菜_{经过烹调供下饭的,统称}	菜 tsʰei³³⁴
0406	干菜_{统称}	菜干 tsʰei³³ kuɛ̃⁴⁵
0407	豆腐	豆腐 du²² vuə²¹³
0408	猪血_{经过烹调供下饭的}	猪血 tɒ³³ ɕyɛ?⁵
0409	猪蹄_{经过烹调供下饭的}	猪骹节⁼ tɒ⁵⁵ kʰɐɯ³³ tɕiɛ?⁵
0410	猪舌头_{经过烹调供下饭的,注意婉称}	猪舌头 tɒ⁴⁵ dziɛ?²³ du²²¹
0411	猪肝_{经过烹调供下饭的,注意婉称}	猪肝 tɒ³³ kuɛ̃⁴⁵
0412	下水_{猪牛羊的内脏}	腹内 pəɯ?⁵ nei²¹³
0413	鸡蛋	鸡子 iɛ³³ tsɤ⁵³³
0414	松花蛋	皮蛋 bi¹³ daŋ²¹³
0415	猪油	脂油 tɕiu⁵⁵ iu²¹³
0416	香油	麻油 mu²² iɯ²¹³
0417	酱油	酱油 tɕiaŋ³³ ɯ²²¹
0418	盐_{名词}	盐 iɛ̃²²¹
0419	醋_{注意婉称}	醋 tsʰuə³³⁴
0420	香烟	香烟 ɕiaŋ³³ iɛ̃⁴⁵
0421	旱烟	旱烟 uɛ̃²¹ iɛ̃⁴⁵
0422	白酒	烧酒 ɕiɐɯ³³ tɕiɯ⁵³³
0423	黄酒	老酒 lɐɯ¹³ tɕiɯ⁵³³

续表

编号	词　条	发　音
0424	江米酒_{酒酿,醪糟}	甜酒酿 diɛ̃¹³tɕiɯ⁵³ȵiaŋ²²¹
0425	茶叶	茶叶 dzɒ²¹iɛʔ²³
0426	沏～茶	泡 pʰɐɯ³³⁴
0427	冰棍儿	棒冰 bɔŋ²¹piŋ⁴⁵
0428	做饭_{统称}	□饭 pɛ̃⁵⁵vaŋ²¹³
0429	炒菜_{统称,和做饭相对}	烧菜 ɕiɐɯ⁵⁵tsʰei³³⁴
0430	煮～带壳的鸡蛋	煤 zaʔ²³
0431	煎～鸡蛋	煎 tɕiɛ̃⁴⁵
0432	炸～油条	飞⁼ fi⁴⁵
0433	蒸～鱼	蒸 tɕiŋ⁴⁵
0434	揉～面做馒头等	捼 ȵiɔʔ²³
0435	擀～面,～皮儿	擀 kaŋ⁵³³
0436	吃早饭	咥天光 tiɛʔ⁵tʰiɛ̃³³kɔŋ⁴⁵
0437	吃午饭	咥日午 tiɛʔ⁵nɛ̃²²ŋuɐ¹³
0438	吃晚饭	咥黄昏 tiɛʔ⁵ɔŋ²¹xuɛ̃⁴⁵
0439	吃～饭	咥 tiɛʔ⁵
0440	喝～酒	咥 tiɛʔ⁵
0441	喝～茶	咥 tiɛʔ⁵
0442	抽～烟	咥 tiɛʔ⁵
0443	盛～饭	掘⁼ dʑyɛʔ²³
0444	夹用筷子～菜	挟 gaʔ²³
0445	斟～酒	筛 ɕiɒ⁵³³
0446	渴口～	口燥 kʰu⁵⁵sɐɯ³³⁴
0447	饿肚子～	腹饥 pəɯʔ³kei⁴⁵
0448	噎吃饭～着了	□ ŋɒ²¹³

七、身体医疗

编号	词 条	发 音
0449	头人的,统称	头脑壳 du²² nɐɯ²¹ kʰɔʔ⁵
0450	头发	头发 du²¹ fəɯʔ⁵
0451	辫子	辫 biɛ̃¹³
0452	旋	旋 zyɛ̃²¹³
0453	额头	脑门头 nɐɯ¹³ məŋ²² du²¹³
0454	相貌	面相 miɛ̃²² ɕiaŋ³³⁴
0455	脸洗~	面 miɛ̃²¹³
0456	眼睛	眼睛 ŋaŋ²² tɕiŋ⁴⁵
0457	眼珠统称	眼睛珠 ŋaŋ²² tɕiŋ³³ tɕyɛ⁴⁵
0458	眼泪哭的时候流出来的	目辞＝ məɯʔ²³ zɤ²²¹
0459	眉毛	眉毛 mi²² mɐɯ²¹³
0460	耳朵	耳朵 n̺i¹³ tu⁵³³
0461	鼻子	鼻头 biʔ²³ du²²¹
0462	鼻涕统称	鼻头泗 biʔ²³ du²¹ zɿ¹³
0463	擤~鼻涕	擤 xəŋ⁵³³
0464	嘴巴人的,统称	口仆＝ tɕʰyɛʔ⁵ bəɯʔ²³
0465	嘴唇	口唇 tɕʰy⁵³ zyŋ²²¹
0466	口水~流出来	痰涕枺 daŋ²² tʰi³³ y⁵³³
0467	舌头	舌头 dziɛ²³ du²²¹
0468	牙齿	牙齿 ŋɒ¹³ tɕʰiu⁵³³
0469	下巴	牙爬＝ ŋɒ¹³ bɒ²²¹

续表

编号	词　条	发　音
0470	胡子_{嘴周围的}	胡须 uə²¹ suə⁴⁵
0471	脖子	头颈 du¹³ tɕiŋ⁵³³
0472	喉咙	喉咙 u²² ləŋ²¹³
0473	肩膀	肩胛头 iɛ̃³³ kaʔ⁵ du²²¹
0474	胳膊	手膀袋= tɕʰyɛ⁵³ pʰɔŋ⁵⁵ dei²¹³
0475	手_{只指手;包括臂:他的~摔断了}	手 tɕʰyɛ⁵³³ 包括臂
0476	左手	反手 faŋ⁵³ tɕʰyɛ⁵³³
0477	右手	顺手 zyŋ²¹ tɕʰyɛ⁵³³
0478	拳头	拳头牯 dzyɛ̃²² du¹³ kuə⁵³³
0479	手指	指 tɕiu⁵³³
0480	大拇指	大指 du¹³ tɕiu⁵³³
0481	食指	荒鸡指 xɔŋ³³ iɛ⁴⁵ tɕiu⁵³³
0482	中指	中央指 təŋ³³ iaŋ⁴⁵ tɕiu⁵³³
0483	无名指	讨饭指 tʰuə⁵³ vaŋ¹³ tɕiu⁵³³
0484	小拇指	小指 ɕiɐɯ⁵³ tɕiu⁵³³
0485	指甲	手指甲 tɕʰyɛ⁵³ tɕiʔ³ kaʔ⁵
0486	腿	大腿 du¹³ tʰei⁵³³
0487	脚_{只指脚;包括小腿;包括小腿和大腿:他的~压断了}	骹 kʰɐɯ⁴⁵ 包括小腿和大腿
0488	膝盖_{指部位}	汤瓶釐 tʰɔŋ⁵⁵ biŋ¹³ kəŋ⁵³³
0489	背_{名词}	背脊爿 pei³³ tɕiʔ⁵ baŋ²²¹
0490	肚子_{腹部}	腹桶 pəɯʔ⁵ dəŋ¹³
0491	肚脐	腹脐穿 pəɯʔ⁵ zɤ²¹ tɕʰyŋ⁴⁵
0492	乳房_{女性的}	奶 na¹³

编号	词 条	发 音
0493	屁股	窟臀 kʰuɐʔ⁵ dɛ̃²²¹
0494	肛门	窟臀穿 kʰuɐʔ⁵ dɛ̃²¹ tɕʰyŋ⁴⁵
0495	阴茎成人的	膠子 liɐɯ²² tsɿ⁴⁵
0496	女阴成人的	朏 pʰiʔ⁵
0497	肏动词	装＝朏儿 tɕiɔŋ³³ pʰiʔ⁵ n̠iɛ²²¹
0498	精液	膠子油 liɐɯ²² tsɿ⁴⁵ iɯ²²¹
0499	来月经注意婉称	骑马日 dzɿ²² mɒ¹³ nɛʔ²³
0500	拉屎	漏浇 lu²² u³³⁴
0501	撒尿	漏尿 lu²² ɕy⁴⁵
0502	放屁	放屁 fɔŋ⁵⁵ pʰi³³⁴
0503	相当于"他妈的"的口头禅	你婆个朏 n̠iɛ¹³ mei³³ kɛʔ⁰ pʰiʔ⁵
0504	病了	生病了 ɕiaŋ⁵⁵ biŋ²¹ lə⁰
0505	着凉	冻去 təŋ³³ kʰɤ⁴⁵
0506	咳嗽	嗽 su³³⁴
0507	发烧	发热 faʔ⁵ n̠iɛʔ²³
0508	发抖	发抖 faʔ³ tu⁵³³
0509	肚子疼	腹桶痛 pəɯʔ⁵ dəŋ¹³ tʰəŋ³³⁴
0510	拉肚子	腹泻 pəɯʔ⁵ ɕiɒ³³⁴
0511	患疟疾	打半工 tiaŋ⁵³ pɛ̃³³ kəŋ⁴⁵
0512	中暑	闭痧 pi³³ sɒ⁴⁵
0513	肿	肿 iɔŋ⁵³³
0514	化脓	脓汞＝起 nəŋ²¹ kəŋ³³ tɕʰiʔ⁵
0515	疤伤口长好后留下的痕迹	疤 pɒ⁴⁵
0516	癣	癣 ɕyɛ̃⁵³³

续表

编号	词　条	发　音
0517	痣凸起的	痣 tsʅ³³⁴
0518	疙瘩蚊子咬后形成的	胆⁼ taŋ⁵³³
0519	狐臭	老鸦臊 lɯ²² ɒ³³ sɯ⁴⁵
0520	看病	望病 mɒŋ²² biŋ²¹³
0521	诊脉	搭脉 taʔ⁵ miaʔ²³
0522	针灸	打燥针 tiaŋ⁵³ sɯ³³ tɕyŋ⁴⁵
0523	打针	打针 tiaŋ⁵³ tɕyŋ⁴⁵
0524	打吊针	挂葡萄糖 kɒ³³ buə²² dɯ¹³ dɔŋ²²¹
0525	吃药统称	哐药 tiɛʔ⁵ iaʔ²³
0526	汤药	药汁 iaʔ² tɕyɛʔ⁵
0527	病轻了	病好些了 biŋ²¹ xɯ⁵³ sɛʔ⁵ lə⁰

八、婚丧信仰

编号	词　条	发　音
0528	说媒	讲媒 kɔŋ⁵³ mei²²¹
0529	媒人	媒农 mei²² nəŋ²¹³
0530	相亲	相亲 ɕiaŋ³³ tɕʰiŋ⁴⁵
0531	订婚	定婚 diŋ²¹ xuɛ̃⁴⁵
0532	嫁妆	嫁妆 iɒ³³ tsɔŋ⁴⁵
0533	结婚统称	结婚 tɕiɛʔ³ xuɛ̃⁴⁵
0534	娶妻子男子～,动宾结构	讨老婆 tʰuə⁵³ lɯ¹³ bu²²¹
0535	出嫁女子～	嫁囡儿 iɒ³³ na¹³ ȵiɛ²²¹

续表

编号	词　条	发　音
0536	拜堂	拜堂 pa³³dɔŋ²²¹
0537	新郎	新郎官 ɕiŋ⁵⁵lɔŋ²¹kuɛ̃⁴⁵
0538	新娘子	新媛主 ɕiŋ⁵⁵yɛ̃¹³tɕyɛ⁵³³
0539	孕妇	大腹桶 du²¹pəɯʔ⁵dəŋ¹³
0540	怀孕	大腹 du²²pəɯʔ⁵
0541	害喜 妊娠反应	有反应 uɔʔ²³faŋ⁵³iŋ³³⁴
0542	分娩	生 ɕiaŋ⁴⁵
0543	流产	小产 ɕiɐɯ⁵³tsʰaŋ⁵³³
0544	双胞胎	双生儿 ɕiɔŋ³³ɕiaŋ⁵⁵ȵiɛ²¹³
0545	坐月子	做生母 tsu⁵⁵ɕiaŋ³³məŋ¹³
0546	吃奶	咥奶 tiɛʔ⁵na¹³
0547	断奶	断奶 təŋ⁵³na¹³
0548	满月	满月 mɛ̃²²ȵyɛʔ²³
0549	生日 统称	生日 ɕiaŋ³³neʔ²³
0550	做寿	做寿 tsu⁵⁵ʑiɯ²¹³
0551	死 统称	死 sɤ⁵³³
0552	死 婉称，最常用的几种，指老人:他～了	老 lɐɯ¹³
0553	自杀	自杀 zɿ²¹saʔ⁵
0554	咽气	□气 guɛʔ²³tsʰɿ³³⁴
0555	入殓	落棺材 lɔʔ²³kuɛ̃⁵⁵zei²¹³
0556	棺材	棺材 kuɛ̃⁵⁵zei²¹³
0557	出殡	送葬 səŋ⁵⁵tsɔŋ³³⁴
0558	灵位	牌位 ba²²uei²¹³

续表

编号	词条	发音
0559	坟墓_{单个的,老人的}	坟 vəŋ²²¹
0560	上坟	上坟 dziaŋ¹³ vəŋ²²¹
0561	纸钱	草纸香 tsʰɐɯ³³ tɕiɛ⁵³ ɕiaŋ⁴⁵
0562	老天爷	老天爷 lɐɯ²² tʰiɛ̃⁴⁵ iu²²¹
0563	菩萨_{统称}	老佛 lɐɯ²² vəɯʔ²³
0564	观音	观音 kuaŋ³³ iŋ⁴⁵
0565	灶神_{口头的叫法}	灶爷神 tsɐɯ³³ iɒ²² ziŋ²¹³
0566	寺庙	老佛殿 lɐɯ²² vəɯʔ²³ diɛ̃²¹³
0567	祠堂	祠堂 zɤ²² dɒŋ²¹³
0568	和尚	和尚 u⁵⁵ ziaŋ²¹³
0569	尼姑	尼姑 ȵi²¹ ku⁴⁵
0570	道士	道士 dɐɯ²¹ ziu¹³
0571	算命_{统称}	算命 sɛ̃⁵⁵ miŋ²¹³
0572	运气	运气 yŋ²² tsʰ1³³⁴
0573	保佑	保佑 pɐɯ⁵⁵ iu²¹³

九、人品称谓

编号	词条	发音
0574	人_{一个~}	农 nəŋ²²¹
0575	男人_{成年的,统称}	男儿 nɛ̃²² ȵiɛ²¹³
0576	女人_{三四十岁已婚的,统称}	女主家 ȵyɛ¹³ tɕyʔ³ kɒ⁴⁵
0577	单身汉	单身汉 taŋ³³ ɕiŋ⁵⁵ xuɛ̃³³⁴

续表

编号	词　条	发　音
0578	老姑娘	老姑婆 leɯ¹³ kuə⁵⁵ bu²¹³
0579	婴儿	嫩儿儿 nɛ̃¹³ ȵiɛ²² ȵiɛ²¹³
0580	小孩三四岁的，统称	小农儿 ɕiɐɯ³³ nəŋ²² ȵiɛ²¹³
0581	男孩统称：外面有个～在哭	舍=儿农 ɕiɔ³³ ȵiɛ²² nəŋ²¹³
0582	女孩统称：外面有个～在哭	囡儿农 na¹³ ȵiɛ²² nəŋ²¹³
0583	老人七八十岁的，统称	老实人 lɐɯ¹³ ʑiʔ² nəŋ²¹³
0584	亲戚统称	亲眷 tɕʰiŋ⁵⁵ tɕyɛ̃³³⁴
0585	朋友统称	朋友 bəŋ²¹ iɯ¹³
0586	邻居统称	邻舍 liŋ²² ɕiɔ³³⁴
0587	客人	客 tɕʰiaʔ⁵
0588	农民	农民 nəŋ²² miŋ²²¹
0589	商人	生意农 ɕiaŋ⁵⁵ i³³ nəŋ²²¹
0590	手艺人统称	老师 lɐɯ²² sʏ⁴⁵
0591	泥水匠	泥水老师 ȵiŋ¹³ ɕy⁵³ lɐɯ²² sʏ⁴⁵
0592	木匠	做木老师 tsu³³ məɯʔ² lɐɯ²² sʏ⁴⁵
0593	裁缝	裁缝老师 zei²² vəŋ²¹ lɐɯ²² sʏ⁴⁵
0594	理发师	剃头老师 tʰiɛ³³ du²² lɐɯ²² sʏ⁴⁵
0595	厨师	伙头老师 xu⁵⁵ du²² lɐɯ²² sʏ⁴⁵
0596	师傅	师父 ɕiu⁵⁵ vuə¹³
0597	徒弟	徒弟 duə²¹ diɛ¹³
0598	乞丐统称，非贬称（无统称则记成年男的）	讨饭乞儿 tʰuə⁵⁵ vaŋ²¹ kʰɛʔ⁵ ȵiɛ²²¹
0599	妓女	婊子 piɐɯ³³ tsʏ⁵³³
0600	流氓	流氓 liɯ²² məŋ²²¹

续表

编号	词　条	发　　音
0601	贼	贼骨头 zɛʔ² kuɛʔ⁵ du²²¹
0602	瞎子统称，非贬称（无统称则记成年男的）	盲眼睛 miaŋ¹³ ŋaŋ²² tɕiŋ⁴⁵
0603	聋子统称，非贬称（无统称则记成年男的）	聋耳□ ləŋ¹³ ȵi²² guaŋ¹³
0604	哑巴统称，非贬称（无统称则记成年男的）	哑子 u⁵³ tsɿ⁴⁵
0605	驼子统称，非贬称（无统称则记成年男的）	驼背老儿 du²² pei³³ lɐɯ¹³ ȵiɛ²²¹
0606	瘸子统称，非贬称（无统称则记成年男的）	跷骹得＝ tɕʰiɐɯ⁵⁵ kʰɐɯ³³ tɛʔ⁵
0607	疯子统称，非贬称（无统称则记成年男的）	癫鬼儿 tiɛ̃⁵⁵ kuei³³ ȵiɛ²²¹
0608	傻子统称，非贬称（无统称则记成年男的）	傻儿 sɒ⁵⁵ ȵiɛ²¹³
0609	笨蛋蠢的人	笨蛋 bəŋ¹³ daŋ²¹³
0610	爷爷呼称，最通用的	公 kəŋ⁴⁵
0611	奶奶呼称，最通用的	妈 mɒ⁴⁵
0612	外祖父叙称	外公 ua²² kəŋ⁴⁵
0613	外祖母叙称	外婆 ua²² bu¹³
0614	父母合称	爷娘 iu²² ȵiaŋ²¹³
0615	父亲叙称	爷 iu²²¹
0616	母亲叙称	娘 ȵiaŋ²²¹
0617	爸爸呼称，最通用的	爹 ta⁴⁵
0618	妈妈呼称，最通用的	婆 mei⁴⁵
0619	继父叙称	大叔 du²² ɕiuʔ⁵
0620	继母叙称	姨 i¹³

续表

编号	词　条	发　音
0621	岳父_{叙称}	丈人 dzian^{13} ȵin^{221}
0622	岳母_{叙称}	丈母 dzian^{22} mən^{13}
0623	公公_{叙称}	公 kən^{45}
0624	婆婆_{叙称}	妈 mɒ^{45}
0625	伯父_{呼称,统称}	伯 piaʔ^5
0626	伯母_{呼称,统称}	母 mən^{13}
0627	叔父_{呼称,统称}	叔 ɕiuʔ^5
0628	排行最小的叔父_{呼称,如"幺叔"}	小叔 ɕiɐu^{53} ɕiuʔ^5
0629	叔母_{呼称,统称}	婶 ɕin^{533}
0630	姑_{呼称,统称(无统称则记分称:比父大,比父小;已婚,未婚)}	娘 ȵian^{45}
0631	姑父_{呼称,统称}	姑夫 kuə^{33} fuə^{45}
0632	舅舅_{呼称}	舅舅 dziɯ^{21} dziɯ^{13}
0633	舅妈_{呼称}	妗妗 dzyɛ̃^{21} dzyɛ̃^{13}
0634	姨_{呼称,统称(无统称则记分称:比母大,比母小;已婚,未婚)}	姨 i^{13}
0635	姨父_{呼称,统称}	姨夫 i^{21} fuə^{45}
0636	弟兄_{合称}	哥弟 ku^{55} diɛ^{13}
0637	姊妹_{合称,注明是否包括男性}	姊妹 tsʅ^{55} mei^{213} 包括男性
0638	哥哥_{呼称,统称}	哥 ku^{45}
0639	嫂子_{呼称,统称}	嫂 sɐu^{533}
0640	弟弟_{叙称}	弟 diɛ^{13}
0641	弟媳_{叙称}	弟妇 diɛ^{22} vuə^{13}
0642	姐姐_{呼称,统称}	姊 tsʅ^{45}

续表

编号	词　条	发　音
0643	姐夫_{呼称}	姊夫 tsɿ⁵³ fuə⁴⁵
0644	妹妹_{叙称}	妹 mei²¹³
0645	妹夫_{叙称}	妹夫 mei²¹ fuə⁴⁵
0646	堂兄弟_{叙称,统称}	叔伯哥弟 ɕiuʔ³ piaʔ⁵ ku⁵⁵ diɛ¹³
0647	表兄弟_{叙称,统称}	表哥弟 piɐu⁵³ ku³³ diɛ¹³
0648	妯娌_{弟兄妻子的合称}	大小新妇 du¹³ ɕiɐu⁵³ ɕiŋ⁵⁵ vuə¹³
0649	连襟_{姊妹丈夫的关系,叙称}	大小姊夫 du¹³ ɕiɐu⁵³ tsɿ⁵³ fuə⁴⁵
0650	儿子_{叙称:我的～}	儿 ȵiɛ²²¹
0651	儿媳妇_{叙称:我的～}	新妇 ɕiŋ³³ vuə¹³
0652	女儿_{叙称:我的～}	囡儿 na¹³ ȵiɛ²²¹
0653	女婿_{叙称:我的～}	囡儿婿 na¹³ ȵiɛ²² ɕiɛ³³⁴
0654	孙子_{儿子之子}	孙儿 sɛ̃⁵⁵ ȵiɛ²¹³
0655	重孙子_{儿子之孙}	重孙儿 dziɔŋ²¹ sɛ̃⁵⁵ ȵiɛ²¹³
0656	侄子_{弟兄之子}	侄儿 dziʔ²³ ȵiɛ²²¹
0657	外甥_{姐妹之子}	外甥 ua²² ɕiaŋ⁴⁵
0658	外孙_{女儿之子}	外甥 ua²² ɕiaŋ⁴⁵
0659	夫妻_{合称}	公婆 kəŋ⁵⁵ bu²¹³
0660	丈夫_{叙称,最通用的,非贬称:她的～}	老公 lɐu²² kəŋ⁴⁵
0661	妻子_{叙称,最通用的,非贬称:他的～}	老婆 lɐu¹³ bu²²¹
0662	名字	名字 miŋ²² zɤ²¹³
0663	绰号	诨名 uɛ̃¹³ miŋ²²¹

十、农工商文

编号	词　条	发　音
0664	干活儿统称：在地里～	做道路 tsu³³ dɐɯ²² luə²¹³
0665	事情一件～	道路 dɐɯ²² luə²¹³
0666	插秧	种田 iɔŋ³³ diɛ̃²²¹
0667	割稻	镲谷 iɛʔ³ kəɯʔ⁵
0668	种菜	种菜 iɔŋ⁵⁵ tsʰei³³⁴
0669	犁名词	犁 li²²¹
0670	锄头	锄头 zɒ²² du²¹³
0671	镰刀	镲儿 iɛʔ⁵ ȵiɛ²²¹
0672	把儿刀～	柄 piaŋ³³⁴
0673	扁担	扁担 piɛ̃⁵³ taŋ⁴⁵
0674	箩筐	箩箸 la²² iɛ³³⁴
0675	筛子统称	筛 ɕiu⁴⁵
0676	簸箕农具，有梁的	畚箕 pɛ̃³³ i⁴⁵
0677	簸箕簸米用	畚斗 pɛ̃³³ tu⁵³³
0678	独轮车	独轮车 dəɯʔ²³ ləŋ²² tɕʰin⁴⁵
0679	轮子旧式的，如独轮车上的	轮盘 liŋ²² bɛ̃²¹³
0680	碓整体	腹＝碓 pəɯʔ⁵ tei³³⁴
0681	臼	舂臼 iɔŋ⁵⁵ dziɯ¹³
0682	磨名词	磨 mu²¹³
0683	年成	年成 ȵiɛ̃²² ziŋ²¹³
0684	走江湖统称	走江湖 tsu⁵³ kɔŋ³³ uə²²¹
0685	打工	打工 tiaŋ⁵³ kəŋ⁴⁵

续表

编号	词　条	发　音
0686	斧子	斧头 $fuə^{33}du^{221}$
0687	钳子	老虎钳 $lɐɯ^{13}xuə^{53}dzi\tilde{ɛ}^{221}$
0688	螺丝刀	螺丝刀 $lu^{21}sɿ^{33}tɐɯ^{45}$
0689	锤子	铁锤儿 $t^hiɛʔ^5dzy^{22}ȵiɛ^{213}$
0690	钉子	铁钉 $t^hiɛʔ^3tiŋ^{45}$
0691	绳子	绳 $dziŋ^{221}$
0692	棍子	棒 $bəŋ^{13}$
0693	做买卖	做生意 $tsu^{33}ɕiaŋ^{55}i^{334}$
0694	商店	商店 $ɕiaŋ^{55}ti\tilde{ɛ}^{334}$
0695	饭馆	饭店 $vaŋ^{22}ti\tilde{ɛ}^{334}$
0696	旅馆旧称	旅馆 $lyɛ^{13}ku\tilde{ɛ}^{533}$
0697	贵	贵 $tɕy^{334}$
0698	便宜	便宜 $bi\tilde{ɛ}^{22}i^{213}$
0699	合算	合算 $kɛʔ^5s\tilde{ɛ}^{334}$
0700	折扣	折扣 $tɕiɛʔ^5k^hu^{334}$
0701	亏本	折本 $ziɛʔ^{23}p\tilde{ɛ}^{533}$
0702	钱统称	钞票 $ts^hɐɯ^{55}p^hiɐɯ^{334}$
0703	零钱	散钞票 $saŋ^{53}ts^hɐɯ^{55}p^hiɐɯ^{334}$
0704	硬币	铅板 $k^haŋ^{33}paŋ^{533}$
0705	本钱	本钿 $p\tilde{ɛ}^{33}di\tilde{ɛ}^{221}$
0706	工钱	工钿 $kəŋ^{55}di\tilde{ɛ}^{213}$
0707	路费	路费 $luə^{13}fi^{334}$
0708	花~钱	用 $iəŋ^{213}$
0709	赚卖一斤能~一毛钱	赚 $dzaŋ^{13}$

续表

编号	词　条	发　音
0710	挣打工~了一千块钱	赚 dzaŋ¹³
0711	欠~他十块钱	欠 tɕʰiɛ̃³³⁴
0712	算盘	算盘 sɛ̃³³bɛ̃²²¹
0713	秤统称	秤 tɕʰiŋ³³⁴
0714	称用杆秤~	称 tɕʰiŋ⁴⁵
0715	赶集	赶行 kuɛ̃⁵³ɔŋ²²¹
0716	集市	行日 ɔŋ²¹nɛʔ²³
0717	庙会	庙会 miɐu¹³uei²¹³
0718	学校	学堂 ɔʔɕ²³dɔŋ²²¹
0719	教室	教室 kɐuɯ³³ɕiʔ⁵
0720	上学	读书 dəɯʔ²ɕye⁴⁵
0721	放学	放学 fɔŋ³³ɔʔ²³
0722	考试	考试 kʰɐuɯ⁵³sʅ⁴⁵
0723	书包	书包 ɕye³³pɐuɯ⁴⁵
0724	本子	作业簿 tsɔʔ⁵ȵiɛʔ²buə¹³
0725	铅笔	铅笔 iɛ̃²¹piʔ⁵
0726	钢笔	钢笔 kɔŋ³³piʔ⁵
0727	圆珠笔	原珠笔① ȵyɛ̃²²tɕye³³piʔ⁵
0728	毛笔	毛笔 mɐuɯ²¹piʔ⁵
0729	墨	墨 mɔʔ²³
0730	砚台	墨盘 mɔʔ²³bɛ̃²²¹
0731	信一封~	信 ɕiŋ³³⁴
0732	连环画	小农书 ɕiɐuɯ⁵³nəŋ²²ɕye⁴⁵

————————

① 遂昌话把"原子笔"和"圆珠笔"两种说法杂糅为"原珠笔"。

续表

编号	词　条	发　音
0733	捉迷藏	躲猫儿 tiu³³ miɐɯ²² ȵiɛ²¹³
0734	跳绳	跳绳 tʰiɐɯ³³ dziŋ²²¹
0735	毽子	毽 tɕiɛ̃³³⁴
0736	风筝	纸鹞 tɕiɛ⁵⁵ iɐɯ²¹³
0737	舞狮	舞狮子 muə¹³ ɕiu³³ tsɤ⁵³³
0738	鞭炮 统称	□尚= pʰɔŋ⁵⁵ ziaŋ²¹³
0739	唱歌	唱歌 tɕʰiaŋ³³ ku⁴⁵
0740	演戏	做表演 tsu³³ piɐɯ⁵⁵ iɛ̃¹³
0741	锣鼓 统称	锣鼓 lu¹³ kuə⁵³³
0742	二胡	胡琴 uə²² dziŋ²¹³
0743	笛子	箫 ɕiɐɯ⁴⁵
0744	划拳	豁拳 xuaʔ⁵ dzyɛ̃²²¹
0745	下棋	着棋 iaʔ⁵ dzʐ²²¹
0746	打扑克	打老 K tiaŋ⁵³ lɐɯ²² kʰei⁴⁵
0747	打麻将	抄麻将 tsʰɐɯ⁵³ mɒ²² tɕiaŋ³³⁴
0748	变魔术	变戏法 piɛ̃³³ sʐ³³ faʔ⁵
0749	讲故事	讲聊天 kɔŋ⁵⁵ liɐɯ²¹ tʰiɛ̃⁴⁵
0750	猜谜语	猜谜 tsʰei⁴⁵ mi²²¹
0751	玩儿 游玩：到城里~	嬉 sʐ⁴⁵
0752	串门儿	旋熟门 zyɛ̃²¹ ziuʔ²³ məŋ²²¹
0753	走亲戚	走亲眷 tsu⁵³ tɕʰiŋ⁵⁵ tɕyɛ̃³³⁴

十一、动作行为

编号	词条	发音
0754	看～电视	望 mɔŋ²¹³
0755	听用耳朵～	听 tʰiŋ³³⁴
0756	闻嗅:用鼻子～	喷＝ pʰəŋ⁴⁵
0757	吸～气	吸 ɕiʔ⁵
0758	睁～眼	绷 piaŋ⁴⁵
0759	闭～眼	合 kɛʔ⁵
0760	眨～眼	合 kɛʔ⁵
0761	张～嘴	绷 piaŋ⁴⁵
0762	闭～嘴	含 gəŋ¹³
0763	咬狗～人	喏 ŋɛʔ²³
0764	嚼把肉～碎	嚼 ziaʔ²³
0765	咽～下去	吞 tʰɛ̃⁴⁵
0766	舔人用舌头～	舔 tʰiɛ̃⁵³³
0767	含～在嘴里	含 gəŋ¹³
0768	亲嘴	相口儿 ɕiaŋ⁵⁵ tɕʰy³³ ȵiɛ²²¹
0769	吮吸用嘴唇聚拢吸取液体,如吃奶时	欻 tɕyʔ⁵
0770	吐上声,把果核儿～掉	吐 tʰuə⁵³³
0771	吐去声,呕吐:喝酒喝～了	吐 tʰuə³³⁴
0772	打喷嚏	打阿欠 tiaŋ⁵³ aʔ⁵ tɕʰiɛʔ⁰
0773	拿用手把苹果～过来	□ naŋ⁴⁵
0774	给他～我一个苹果	乞 kʰaʔ⁵

续表

编号	词　条	发　音
0775	摸～头	摸 məɯʔ⁵
0776	伸～手	伸 ɕiŋ⁴⁵
0777	挠～痒痒	抓 tsɐɯ⁴⁵
0778	掐用拇指和食指的指甲～皮肉	摘 tiʔ⁵
0779	拧～螺丝	尺= tɕʰiʔ⁵
0780	拧～毛巾	尧= ȵiɐɯ²²¹
0781	捻用拇指和食指来回～碎	搣 miʔ⁵
0782	掰把橘子～开.把馒头～开	脈 pʰiaʔ⁵
0783	剥～花生	剥 pɔʔ⁵
0784	撕把纸～了	脈 pʰiaʔ⁵
0785	折把树枝～断	拗 ɐɯ⁵³³
0786	拔～萝卜	摒 piaŋ³³⁴
0787	摘～花	择 dɔʔ²³
0788	站站立:～起来	徛 gei¹³
0789	倚斜靠:～在墙上	□ gɔŋ²¹³
0790	蹲～下	踞 tɕiɯ⁴⁵
0791	坐～下	坐 zu¹³
0792	跳青蛙～起来	栈= dzaŋ²¹³
0793	迈跨过高物:从门槛上～过去	□ gaŋ²²¹
0794	踩脚～在牛粪上	踏 daʔ²³
0795	翘～腿	□ gɒ²¹³
0796	弯～腰	弯 uaŋ⁴⁵
0797	挺～胸	挺 tʰiŋ⁵³³
0798	趴～着睡	伏 bəɯʔ²³

续表

编号	词 条	发 音
0799	爬小孩在地上～	爬 bɒ²²¹
0800	走慢慢儿～	走 tsu⁵³³
0801	跑慢慢儿走,别～	跳 tʰiɐɯ³³⁴
0802	逃逃跑:小偷～走了	逃 dɐɯ²²¹
0803	追追赶:～小偷	蹦 liɛʔ²³
0804	抓～小偷	搭 kʰɒ³³⁴
0805	抱把小孩～在怀里	抱 buə¹³
0806	背～孩子	背 pei⁴⁵
0807	搀～老人	扶 vuə²¹³
0808	推几个人一起～汽车	纳= nɛʔ²³
0809	摔跌:小孩～倒了	靶= pɒ⁵³³
0810	撞人～到电线杆上	撞 dziɔŋ²¹³
0811	挡你～住我了,我看不见	挡 tɔŋ⁵³³
0812	躲躲藏:他～在床底下	躲 tiu⁴⁵
0813	藏藏放,收藏:钱～在枕头下面	囥 kʰɔŋ³³⁴
0814	放把碗～在桌子上	囥 kʰɔŋ³³⁴
0815	摞把砖～起来	叠 diɛʔ²³
0816	埋～在地下	葬 tsɔŋ³³⁴
0817	盖把茶杯～上	罱 kəŋ⁵³³
0818	压用石头～住	庎 kʰaʔ⁵
0819	摁用手指按:～图钉	捺 naʔ²³
0820	捅用棍子～鸟窝	镯= dziɔʔ²³
0821	插把香～到香炉里	插 tsʰaʔ⁵
0822	戳～个洞	戳 tɕʰiɔʔ⁵

续表

编号	词　条	发　音
0823	砍~树	锲 tsʰʅ³³⁴
0824	剁把肉~碎做馅儿	剁 tu⁵³³
0825	削~苹果	削 ɕiaʔ⁵
0826	裂木板~开了	开坼 kʰei³³ tʰiaʔ⁵
0827	皱皮~起来	皱 tsɯʔ⁵
0828	腐烂死鱼~了	烂 laŋ²¹³
0829	擦用毛巾~手	噍 tɕiɐɯ⁵³³
0830	倒把碗里的剩饭~掉	倒 tɐɯ⁵³³
0831	扔丢弃:这个东西坏了,~了它	甩 ɕy ʔ⁵
0832	扔投掷:比一比谁~得远	掼 guaŋ²¹³
0833	掉掉落、坠落:树上~下一个梨	靶= pɒ⁵³³
0834	滴水~下来	渧 tiɒ³³⁴
0835	丢丢失:钥匙~了	靶= pɒ⁵³³
0836	找寻找:钥匙~到	寻 zəŋ²²¹
0837	捡~到十块钱	撮 tsʰəɯʔ⁵
0838	提用手把篮子~起来	□ guaŋ¹³
0839	挑~担	撅 gɛʔ²³
0840	扛káng,把锄头~在肩上	背 pei⁴⁵
0841	抬~轿	扛 kɔŋ⁴⁵
0842	举~旗子	举 tɕyɛ⁵³³
0843	撑~伞	撑 tɕʰiaŋ⁴⁵
0844	撬把门~开	撬 dʑiɐɯ¹³
0845	挑挑选、选择:你自己~一个	拣 kaŋ⁵³³
0846	收拾~东西	约=落 iaʔ⁵ lɔʔ²³

编号	词 条	发 音
0847	挽~袖子	爪⁼ tsɐɯ⁵³³
0848	涮把杯子~一下	盪 dɔŋ¹³
0849	洗~衣服	洗 ɕiɛ⁵³³
0850	捞~鱼	捞 liɐɯ²²¹
0851	拴~牛	缚 bɔʔ²³
0852	捆~起来	缚 bɔʔ²³
0853	解~绳子	□ xɒ⁵³³
0854	挪~桌子	移 iɛ²²¹
0855	端~碗	掇 tɛʔ⁵
0856	摔碗~碎了	刮⁼ kuaʔ⁵
0857	掺~水	充 tɕʰiɔŋ⁴⁵
0858	烧~柴	烧 ɕiɐɯ⁴⁵
0859	拆~房子	拆 tʰiʔ⁵
0860	转~圈儿	旋 zyɛ̃²¹³
0861	捶用拳头~	舂 iɔŋ⁴⁵
0862	打统称:他~了我一下	捶 dzy²²¹
0863	打架动手:两个人在~	打架 tiaŋ⁵⁵ kɒ³³⁴
0864	休息	歇力 ɕiɛʔ⁵ liʔ²³
0865	打哈欠	打哈 tiaŋ⁵³ xaʔ⁵
0866	打瞌睡	啄去 təʔ⁵ kʰɤ⁰
0867	睡他已经~了	睏 kʰəŋ³³⁴
0868	打呼噜	打鼾 tiaŋ⁵³ xuɛ̃⁴⁵
0869	做梦	做梦 tsu⁵⁵ məŋ²¹³
0870	起床	挖⁼起 uaʔ⁵ tɕʰiʔ⁰

续表

编号	词　条	发　音
0871	刷牙	洗牙齿 ɕiɛ⁵³ ŋɒ¹³ tɕʰiu⁵³³
0872	洗澡	洗浴 ɕiɛ⁵³ iuʔ²³
0873	想思索:让我～一下	忖 tsʰ ɛ̃⁵³³
0874	想想念:我很～他	忖 tsʰ ɛ̃⁵³³
0875	打算我～开个店	划算 uɒ²² sɛ̃³³⁴
0876	记得	记着 tsʅ³³ dɛʔ²³
0877	忘记	忘记 miŋ²² tɕiu³³⁴
0878	怕害怕:你别～	惊 kuaŋ⁴⁵
0879	相信我～你	相信 ɕiaŋ⁵⁵ ɕiŋ³³⁴
0880	发愁	愁 zyɐɯ²²¹
0881	小心过马路要～	小心 ɕiɐɯ⁵³ ɕiŋ⁴⁵
0882	喜欢～看电视	喜欢 sʅ⁵³ xuɛ̃⁴⁵
0883	讨厌～这个人	讨厌 tʰɐɯ⁵⁵ iɛ̃³³⁴
0884	舒服凉风吹来很～	舒服 ɕyɛ³³ vɯɯʔ²³
0885	难受生理的	难过 naŋ²² ku³³⁴
0886	难过心理的	难过 naŋ²² ku³³⁴
0887	高兴	高兴 kɐɯ⁵⁵ ɕiŋ³³⁴
0888	生气	堵气 tu⁵⁵ tsʰʅ³³⁴
0889	责怪	怪 kua³³⁴
0890	后悔	悔 xuei³³⁴
0891	忌妒	心火热 ɕiŋ³³ xu⁵³ ȵiɛʔ²³
0892	害羞	惊倒霉 kuaŋ⁵⁵ tɐɯ³³ mei²²¹
0893	丢脸	无面子 muɒ²² miɛ̃¹³ tsɤ⁵³³
0894	欺负	欺负 tɕʰy⁵⁵ vuə¹³

续表

编号	词 条	发 音
0895	装~病	装 tsɔŋ⁴⁵
0896	疼~小孩儿	值钿 dʑiuʔ²³ diɛ̃²²¹
0897	要我~这个	乐 ŋɐɯ²¹³
0898	有我~一个孩子	有 uɔʔ²³
0899	没有他~孩子	无 muə²²¹
0900	是我~老师	是 ʑiʔ²³
0901	不是他~老师	弗是 fəuʔ⁵ ʑiʔ²³
0902	在他~家	躲 tiu⁴⁵
0903	不在他~家	弗躲 fəuʔ⁵ tiu⁴⁵
0904	知道我~这件事	识着 tɕiʔ⁵ dɛʔ⁰
0905	不知道我~这件事	弗识着 fəuʔ⁵ tɕiʔ⁵ dɛʔ⁰
0906	懂我~英语	懂 təŋ⁵³³
0907	不懂我~英语	弗懂 fəuʔ³ təŋ⁵³³
0908	会我~开车	会 uei²¹³
0909	不会我~开车	舱 fei⁴⁵
0910	认识我~他	认着 n̠iŋ²¹ dɛʔ²³
0911	不认识我~他	认弗着 n̠iŋ²¹ fəuʔ⁵ dɛʔ²³
0912	行应答语	用着 iɔŋ²¹ dɛʔ²³
0913	不行应答语	用弗着 iɔŋ²¹ fəuʔ⁵ dɛʔ²³
0914	肯~来	肯 kʰəŋ⁵³³
0915	应该~去	应该 iŋ³³ kei⁴⁵
0916	可以~去	可以 kʰu⁵³ i³³⁴
0917	说~话	讲 kɔŋ⁵³³
0918	话说~	说话 ɕiuʔ⁵ u²¹³

续表

编号	词条	发音
0919	聊天儿	聊天 lieɯ²¹ tʰiɛ̃⁴⁵
0920	叫～他一声儿	讴 ɐɯ⁴⁵
0921	吰喝大声喊	忽= xuɛʔ⁵
0922	哭小孩～	叫 iɐɯ³³⁴
0923	骂当面～人	謷 zɔʔ²³
0924	吵架动嘴：两个人在～	相争 ɕiaŋ³³ tɕiaŋ⁴⁵
0925	骗～人	骗 pʰiɛ̃³³⁴
0926	哄～小孩	旋 ʑyɛ̃²¹³
0927	撒谎	骗农儿 pʰiɛ̃³³ nəŋ²² n̠iɛ²¹³
0928	吹牛	吹牛屄 tɕʰy⁵⁵ n̠iɯ²¹ pi⁴⁵
0929	拍马屁	托脖 tʰɔʔ³ pʰɐɯ⁴⁵
0930	开玩笑	开玩笑 kʰei⁵⁵ uaŋ¹³ ɕiɐɯ³³⁴
0931	告诉～他	报 pɐɯ³³⁴
0932	谢谢致谢语	谢谢 ʑiɐ²¹ ʑiɐ¹³
0933	对不起致歉语	对弗住 tei³³ fəɯʔ⁵ dʑyɛ²¹³
0934	再见告别语	再会 tsei⁵⁵ uei²¹³

十二、性质状态

编号	词条	发音
0935	大苹果～	大 du²¹³
0936	小苹果～	小 ɕiɐɯ⁵³³
0937	粗绳子～	粗 tsʰuə⁴⁵

编号	词 条	发 音
0938	细绳子~	细 ɕiɛ³³⁴
0939	长线~	长 dɛ̃²²¹
0940	短线~	短 tɛ̃⁵³³
0941	长时间~	长 dɛ̃²²¹
0942	短时间~	短 tɛ̃⁵³³
0943	宽路~	阔 kʰuɛʔ⁵
0944	宽敞房子~	阔 kʰuɛʔ⁵
0945	窄路~	狭 aʔ²³
0946	高飞机飞得~	高 kɐɯ⁴⁵
0947	低鸟飞得~	矮 a⁵³³
0948	高他比我~	长 dɛ̃²²¹
0949	矮他比我~	矮 a⁵³³
0950	远路~	远 yɛ̃¹³
0951	近路~	近 gɛ̃¹³
0952	深水~	深 tɕʰyɛ̃⁴⁵
0953	浅水~	浅 tɕʰiɛ̃⁵³³
0954	清水~	清 tɕʰiŋ⁴⁵
0955	浑水~	浑 uɛ̃²²¹
0956	圆	圆 yɛ̃²²¹
0957	扁	扁 piɛ̃⁵³³
0958	方	方 fɔŋ⁴⁵
0959	尖	尖 tɕiɛ̃⁴⁵
0960	平	平 biŋ²²¹
0961	肥~肉	壮 tɕiɔŋ³³⁴

续表

编号	词　条	发　音
0962	瘦~肉	瘦 ɕyɐɯ³³⁴
0963	肥形容猪等动物	壮 tɕiəŋ³³⁴
0964	胖形容人	壮 tɕiəŋ³³⁴
0965	瘦形容人、动物	瘦 ɕyɐɯ³³⁴
0966	黑黑板的颜色	乌 uə⁴⁵
0967	白雪的颜色	白 biaʔ²³
0968	红国旗的主颜色,统称	红 əŋ²²¹
0969	黄国旗上五星的颜色	黄 ɔŋ²²¹
0970	蓝蓝天的颜色	蓝 laŋ²²¹
0971	绿绿叶的颜色	绿 liɔʔ²³
0972	紫紫药水的颜色	紫 tsɤ⁵³³
0973	灰草木灰的颜色	灰 xuei⁴⁵
0974	多东西~	多 tu⁴⁵
0975	少东西~	少 tɕiɐɯ⁵³³
0976	重担子~	重 dziɔŋ¹³
0977	轻担子~	轻 tɕʰiŋ⁴⁵
0978	直线~	直 dziʔ²³
0979	陡坡~,楼梯~	竖 zyɛ¹³
0980	弯弯曲:这条路是~的	弯 uaŋ⁴⁵
0981	歪帽子戴~了	歪 ua⁴⁵
0982	厚木板~	厚 gu¹³
0983	薄木板~	薄 bɔʔ²³
0984	稠稀饭~	厚 gu¹³
0985	稀稀饭~	薄 bɔʔ²³

续表

编号	词　条	发　音
0986	密菜种得~	密 mi?^{23}
0987	稀稀疏:菜种得~	疏 sɒ^{45}
0988	亮指光线,明亮	光 kɔŋ^{45}
0989	黑指光线,完全看不见	乌 uə^{45}
0990	热天气~	热 ȵiɛ?^{23}
0991	暖和天气~	暖 nəŋ^{13}
0992	凉天气~	凉 liaŋ^{221}
0993	冷天气~	浸 tsʰəŋ^{334}
0994	热水~	暖 nəŋ^{13}
0995	凉水~	浸 tsʰəŋ^{334}
0996	干干燥:衣服晒~了	燥 sɐ^{334}
0997	湿潮湿:衣服淋~了	湿 tɕʰia?^{5}
0998	干净衣服~	爽利 ɕiɔŋ^{55}li^{213}
0999	脏肮脏,不干净,统称:衣服~	邋遢 la?^{2}tʰa?^{5}
1000	快锋利:刀子~	快 kʰua^{334}
1001	钝刀~	钝 dɛ̃^{213}
1002	快坐车比走路~	快 kʰua^{334}
1003	慢走路比坐车~	慢 maŋ^{213}
1004	早来得~	早 tsɐ^{533}
1005	晚来~了	迟 dzɿ^{221}
1006	晚天色~	晏 ɛ̃^{334}
1007	松捆得~	宽 kʰuɛ̃^{45}
1008	紧捆得~	坚 tɕiɛ̃^{45}
1009	容易这道题~	容易 iɔŋ^{22}iɛ^{213}

续表

编号	词　条	发　音
1010	难这道题~	难 naŋ²²¹
1011	新衣服~	新 ɕiŋ⁴⁵
1012	旧衣服~	旧 dziɯ²¹³
1013	老人~	老 lɐɯ¹³
1014	年轻人~	年纪轻 ȵiɛ̃¹³tsʅ⁵³tɕʰiŋ⁴⁵
1015	软糖~	软 ȵyɛ̃¹³
1016	硬骨头~	硬 ȵiaŋ²¹³
1017	烂肉煮得~	烂 laŋ²¹³
1018	糊饭烧~了	焦 tɕiɐɯ⁴⁵
1019	结实家具~	扎实 tsaʔ⁵ziʔ²³
1020	破衣服~	破 pʰa³³⁴
1021	富他家很~	富 fuə³³⁴
1022	穷他家很~	苦 kʰuə⁵³³
1023	忙最近很~	忙 məŋ²²¹
1024	闲最近比较~	清闲 tɕʰiŋ⁵⁵aŋ²¹³
1025	累走路走得很~	着力 dziaʔ²liʔ²³
1026	疼摔~了	痛 tʰəŋ³³⁴
1027	痒皮肤~	痒 ziɔŋ¹³
1028	热闹看戏的地方很~	闹暖 nɐɯ²²nəŋ¹³
1029	熟悉这个地方我很~	熟 ziuʔ²³
1030	陌生这个地方我很~	生疏 ɕiaŋ³³ɕiu⁴⁵
1031	味道尝尝~	味道 mi²²dɐɯ¹³
1032	气味闻闻~	气味 tsʰʅ⁵⁵mi²¹³
1033	咸菜~	咸 aŋ²²¹

续表

编号	词　条	发　音
1034	淡菜~	淡 daŋ¹³
1035	酸	酸 sɿ⁴⁵
1036	甜	甜 diɛ̃²²¹
1037	苦	苦 kʰuə⁵³³
1038	辣	辣 laʔ²³
1039	鲜鱼汤~	鲜 ɕiɛ̃⁴⁵
1040	香	香 ɕiaŋ⁴⁵
1041	臭	臭 tɕʰiɯ³³⁴
1042	馊饭~	馊 ɕyɐɯ⁴⁵
1043	腥鱼~	腥臭 ɕiŋ⁵⁵tɕʰiɯ³³⁴
1044	好人~	好 xɐɯ⁵³³
1045	坏人~	坏 ua²¹³
1046	差东西质量~	差 tsʰɑ⁴⁵
1047	对账算~了	对 tei³³⁴
1048	错账算~了	错 tsʰu³³⁴
1049	漂亮形容年轻女性的长相:她很~	光烫⁼ kɔŋ⁵⁵tʰɔŋ³³⁴
1050	丑形容人的长相:猪八戒很~	难望 naŋ²²mɔŋ²¹³
1051	勤快	勤时 dziŋ²²ziu²¹³
1052	懒	俭⁼ dziɛ̃¹³
1053	乖	百高 piaʔ³kɐɯ⁴⁵
1054	顽皮	调皮 diɐɯ¹³bi²²¹
1055	老实	老实 lɐɯ²²ziʔ²³
1056	傻痴呆	傻 sɿ⁴⁵
1057	笨蠢	木夹 məɯʔ²gaʔ²³

续表

编号	词　条	发　音
1058	大方不吝啬	量气大 liaŋ²² tsʰ ɿ³³ du²¹³
1059	小气吝啬	小气 ɕiɐɯ⁵³ tsʰ ɿ³³⁴
1060	直爽性格～	直 dzi ʔ²³
1061	犟脾气～	倔 dzyɛʔ²³

十三、数　量

编号	词　条	发　音
1062	一～二三四五……，下同	一 iʔ⁵
1063	二	二 ȵi²¹³
1064	三	三 saŋ⁴⁵
1065	四	四 sɿ³³⁴
1066	五	五 ŋuə¹³
1067	六	六 ləɯʔ²³
1068	七	七 tɕʰ iʔ⁵
1069	八	八 paʔ⁵
1070	九	九 tɕiɯ⁵³³
1071	十	十 zyɛʔ²³
1072	二十	廿 ȵiɛ̃²¹³ 有合音
1073	三十	三十 saŋ⁴⁵ zyɛʔ⁰ 无合音
1074	一百	一百 iʔ³ piaʔ⁵
1075	一千	一千 iʔ⁵ tɕʰ iɛ̃³³⁴
1076	一万	一万 iʔ⁵ maŋ²¹³

续表

编号	词　条	发　音
1077	一百零五	一百零五 i$ʔ^3$ pia$ʔ^5$ liŋ^{22} ŋuə^{13}
1078	一百五十	百五 pia$ʔ^5$ ŋuə^{13}
1079	第一~,第二	第一 diɛ^{22} i$ʔ^5$
1080	二两重量	两两 lɛ̃^{13} liaŋ^{213}
1081	几个你有~孩子?	几个 kei^{53} kei^{334}
1082	俩你们~	两个 lɛ̃^{13} kei^{533}
1083	仨你们~	三个 saŋ^{45} kei^0
1084	个把	个把 kei^{33} pu^{45}
1085	个一~人	个 kei^{334}
1086	匹一~马	匹 p^{h}i^{334}
1087	头一~牛	头 du^{221}
1088	头一~猪	口 k^{h}u^{533}
1089	只一~狗	只 tɕi$ʔ^5$
1090	只一~鸡	只 tɕi$ʔ^5$
1091	只一~蚊子	粒 lɛ$ʔ^5$
1092	条一~鱼	枚 mei^{213}
1093	条一~蛇	根 kɛ̃^{334}
1094	张一~嘴	张 tiaŋ^{334}
1095	张一~桌子	箸= dziɛ^{213}
1096	床一~被子	条 diɐɯ^{221}
1097	领一~席子	领 liŋ^{213}
1098	双一~鞋	双 ɕiɔŋ^{45}
1099	把一~刀	把 pu^{533}
1100	把一~锁	管 kuɛ̃^{533}

续表

编号	词　条	发　音
1101	根—～绳子	根 kɛ̃³³⁴
1102	支—～毛笔	箸= dziɛ²¹³
1103	副—～眼镜	副 fuə³³⁴
1104	面—～镜子	面 miɛ̃²¹³
1105	块—～香皂	块 kʰuei³³⁴
1106	辆—～车	把 pu³³⁴
1107	座—～房子	座 zu²¹³
1108	座—～桥	座 zu²¹³
1109	条—～河	根 kɛ̃³³⁴
1110	条—～路	根 kɛ̃³³⁴
1111	棵—～树	樻 bəŋ²¹³
1112	朵—～花	□ tsɤ³³⁴
1113	颗—～珠子	粒 lɛʔ⁵
1114	粒—～米	粒 lɛʔ⁵
1115	顿—～饭	厨 dzɣɛ²²¹
1116	剂—～中药	帖 tʰiɛʔ⁵
1117	股—～香味	笨= bəŋ²¹³
1118	行—～字	埭 da²¹³
1119	块—～钱	块 kʰuei³³⁴
1120	毛角:一～钱	角 kɔʔ⁵
1121	件—～事情	样 iaŋ²¹³
1122	点儿—～东西	滴= 滴= 儿 tiʔ³tiʔ⁵ȵiɛ⁰
1123	些—～东西	些 sɛʔ⁰
1124	下打一～,动量词,不是时量词	记 tsɿ³³⁴

续表

编号	词 条	发 音
1125	会儿坐了一~	记 tsʅ³³⁴
1126	顿打一~	伙⁼ xu⁵³³
1127	阵下了一~雨	寨⁼ za²¹³
1128	趟去了一~	埭 da²¹³

十四、代副介连词

编号	词 条	发 音
1129	我~姓王	我 ŋɒ¹³
1130	你~也姓王	你 n̠iɛ¹³
1131	您尊称	（无）
1132	他~姓张	渠 gɤ²²¹
1133	我们不包括听话人：你们别去，~去	我些农 ŋɒ¹³ sɛʔ⁵ nəŋ⁰
1134	咱们包括听话人：他们不去，~去吧	印 aŋ⁴⁵
1135	你们~去	你些农 n̠iɛ¹³ sɛʔ⁵ nəŋ⁰
1136	他们~去	渠些农 gɤ²² sɛʔ⁵ nəŋ⁰
1137	大家~一起干	大势 da²² ɕiɛ³³⁴
1138	自己我~做的	自家 zɣʔ² kɒ³³⁴
1139	别人这是~的	别个农 biɛʔ² kei⁴⁵ nəŋ⁰
1140	我爸~今年八十岁	我爹 ŋɒ²² ta⁴⁵
1141	你爸~在家吗？	你爹 n̠iɛ¹³ ta⁴⁵
1142	他爸~去世了	渠爹 gɤ²² ta⁴⁵

续表

编号	词　条	发　音
1143	这个我要~,不要那个	乙＝个 iʔ⁵ kei⁰
1144	那个我要这个,不要~	赫＝个 xaʔ⁵ kei⁰
1145	哪个你要~杯子?	哪个 la¹³ kei⁵³³
1146	谁你找~?	哪农 na¹³ nəŋ²²¹
1147	这里在~,不在那里	乙＝盪＝ iʔ⁵ dɔŋ¹³
1148	那里在这里,不在~	赫＝盪＝ xaʔ⁵ dɔŋ¹³
1149	哪里你到~去?	哪盪 laʔ² lɔŋ¹³
1150	这样事情是~的,不是那样的	乙＝亨＝ iʔ³ xaŋ⁵³³
1151	那样事情是这样的,不是~的	赫＝响＝ xaʔ⁵ ɕiaŋ³³⁴
1152	怎样什么样:你要~的?	争儿 tɕiaŋ³³ ȵiɛ²²¹
1153	这么~贵啊	亨＝ xaŋ⁴⁵
1154	怎么这个字~写?	争儿 tɕiaŋ³³ ȵiɛ²²¹
1155	什么这个是~字?	哪□ na²¹ nəŋ⁴⁵
1156	什么你找~?	哪西 naʔ²³ ɕiɛ³³⁴
1157	为什么你~不去?	拨＝哪西 pɛʔ⁵ naʔ²³ ɕiɛ³³⁴ 拨＝西 pɛʔ⁵ ɕiɛ³³⁴
1158	干什么你在~?	做哪西 tsu³³ naʔ²³ ɕiɛ³³⁴
1159	多少这个村有~人?	几多 kei⁵³ tu⁴⁵
1160	很今天~热	险 ɕiɛ̃⁵³³
1161	非常比上条程度深:今天~热	无界 muə¹³ ka⁵³³
1162	更今天比昨天~热	还乐 aʔ² ŋɐɯ²¹³
1163	太这个东西~贵,买不起	忒 tʰɛʔ⁵
1164	最弟兄三个中他~高	顶 tiŋ⁵³³
1165	都大家~来了	都 təɯʔ⁵

续表

编号	词　条	发　音
1166	一共~多少钱？	总共 tsəŋ⁵⁵ dzioŋ²¹³
1167	一起我和你~去	一齐 iʔ⁵ ʑiɛ²²¹
1168	只我~去过一趟	总 tsəŋ⁵³³ 益＝ iʔ⁵
1169	刚这双鞋我穿着~好	正刊＝ tɕiŋ³³ kʰaŋ⁴⁵
1170	刚我~到	拥＝ ioŋ⁴⁵
1171	才你怎么~来啊？	拥＝ ioŋ⁴⁵
1172	就我吃了饭~去	就 ʑiɯ²¹³
1173	经常我~去	时常 z̩²² dʑiaŋ²¹³
1174	又他~来了	又 iɯ¹³
1175	还他~没回家	还 aŋ²²¹
1176	再你明天~来	再 tsei⁴⁵
1177	也我~去；我~是老师	亦 iaʔ²³
1178	反正不用急，~还来得及	反正 faŋ⁵³ tɕiŋ⁴⁵
1179	没有昨天我~去	艚 vɛ̃²²¹
1180	不明天我~去	弗 fəɯʔ⁵
1181	别你~去	弗乐 fəɯʔ⁵ ŋɐɯ²¹³
1182	甭不用,不必：你~客气	弗乐 fəɯʔ⁵ ŋɐɯ²¹³
1183	快天~亮了	快 kʰua³³⁴
1184	差点儿~摔倒了	差稍儿 tsʰɒ³³ ɕiɐɯ⁴⁵ ɳiɛ⁰
1185	宁可~买贵的	情愿 ʑiŋ¹³ ɳyɛ̃²¹³
1186	故意~打破的	成心 zɛ̃²² ɕiŋ⁴⁵
1187	随便~弄一下	随便 zy²² biɛ̃²¹³
1188	白~跑一趟	白白 biaʔ² biaʔ²³

续表

编号	词　　条	发　　音
1189	肯定～是他干的	肯定 kʰɛ̃⁵⁵ diŋ²¹³
1190	可能～是他干的	可能 kʰu⁵³ nɛ̃²²¹
1191	一边～走，～说	随……随…… ʑy²²¹……ʑy²²¹……
1192	和我～他都姓王	对 tei³³⁴
1193	和我昨天～他去城里了	对 tei³³⁴
1194	对他～我很好	对 tei³³⁴
1195	往～东走	望 mɔŋ²¹³
1196	向～他借一本书	问 məŋ²¹³
1197	按～他的要求做	依 i⁴⁵
1198	替～他写信	代 dei²¹³
1199	如果～忙你就别来了	如果 ȵyɛ²² ku⁵³³
1200	不管～怎么劝他都不听	由随 iɯ²² zei²¹³

第四章　语　法

0001　小张昨天钓了一条大鱼，我没有钓到鱼。

小张昨莫=钓了一枚大鱼，我都蹧钓到过。

ɕiɐɯ⁵³ tɕiaŋ⁴⁵ zɿ²² mɔʔ²³ tiɐɯ³³ lə⁰ iʔ⁵ mei²¹ du¹³ ŋɤ²²¹ , ŋɒ¹³ tɐɯʔ⁵ vɛ̃²² tiɐɯ³³ tɐɯ⁴⁵ ku⁰ 。

0002　a. 你平时抽烟吗？ b. 不，我不抽烟。

a. 你平时咥烟弗？ b. 弗，我弗咥烟。

a. ȵiɛ¹³ biŋ²² zɿ²¹ tiɛʔ³ iɛ̃⁴⁵ fəɯʔ⁵？ b. fəɯʔ⁵ , ŋɒ¹³ fəɯʔ⁵ tiɛʔ⁵ iɛ̃⁴⁵ 。

a. 你平时咥烟弗？ b. 我弗咥烟。

a. ȵiɛ¹³ biŋ²² zɿ²¹ tiɛʔ³ iɛ̃⁴⁵ fəɯʔ⁵？ b. ŋɒ¹³ fəɯʔ⁵ tiɛʔ⁵ iɛ̃⁴⁵ 。

0003　a. 你告诉他这件事了吗？ b. 是，我告诉他了。

a. 你报渠乙=件道路了蹧？ b. 我报渠了。

a. ȵiɛ¹³ pɐɯ³³ gɤ⁴⁵ iʔ⁵ dziɛ̃²¹ dɐɯ²² luə²¹ lə⁰ vɛ̃⁰？

b. ŋɒ¹³ pɐɯ³³ gɤ⁴⁵ lə⁰ 。

0004　你吃米饭还是吃馒头？

你咥饭还是咥面包？

ȵiɛ¹³ tiɛʔ⁵ vaŋ²¹ aŋ²² zɿ²³ tiɛʔ⁵ miɛ̃²² pɐɯ⁴⁵？

0005　你到底答应不答应他？

你到底答应渠弗个？

ȵiɛ¹³tɐɯ³³ti⁵³taʔ⁵iŋ³³gɤ⁴⁵fəɯʔ⁵kɛ⁰?

你到底答应弗答应渠?

ȵiɛ¹³tɐɯ³³ti⁵³taʔ⁵iŋ³³fəɯʔ⁵taʔ⁵iŋ³³gɤ⁴⁵?

你到底答弗答应渠?

ȵiɛ¹³tɐɯ³³ti⁵³taʔ⁵fəɯʔ⁵taʔ⁵iŋ³³gɤ⁴⁵?

0006　a. 叫小强一起去电影院看《刘三姐》。b. 这部电影他看
　　　过了。

　　　a. 讴小强一起去电影院望《刘三姊》。b. 乙ᵘ部电影渠望
　　　过了。

　　　a. ɐɯ⁴⁵ɕiɐɯ⁵³dʑiaŋ²²iʔ³tsʰ̩⁵³kʰɤ³³diɛ̃¹³iŋ⁵³yɛ̃²¹mɔŋ²¹《liɯ²²saŋ³³
　　　tsɿ⁵³³》。b. iʔ⁵bu²²diɛ¹³iŋ⁵³gɤ²²mɔŋ²¹ku⁴⁵lə⁰。

0007　你把碗洗一下。

　　　你帮碗洗记儿。

　　　ȵiɛ¹³pɔŋ⁴⁵uɛ̃⁵³ɕiɛ⁵³tsɿ³³ȵiɛ⁴⁵。

0008　他把橘子剥了皮,但是没吃。

　　　渠帮桔皮剥了,但是䭯咥。

　　　gɤ²²pɔŋ⁴⁵tɕiʔ⁵bi²²pɔʔ⁵lə⁰,daŋ²¹ziʔ²³vɛ̃²²tiɛʔ⁵。

0009　他们把教室都装上了空调。

　　　渠些农帮教室都装上空调了。

　　　gɤ²²sɛʔ⁵nəŋ⁰pɔŋ⁴⁵kɐɯ³³ɕiʔ⁵təɯʔ⁵tsɔŋ⁵⁵dʑiaŋ¹³kʰəŋ⁵⁵diɐɯ²¹lə⁰。

0010　帽子被风吹走了。

　　　帽乞风吹去了。

　　　mɐɯ²¹kʰaʔ⁵fəŋ⁴⁵tɕʰy⁴⁵kʰɤ⁰lə⁰。

0011　张明被坏人抢走了一个包,人也差点儿被打伤。

　　　张明乞坏农抢去了一个包,农亦差稍儿乞渠捶坏。

　　　tɕiaŋ⁴⁵miŋ²²kʰaʔ⁵ua¹³nəŋ²²tɕʰiaŋ⁵³kʰɤ³³lə⁰iʔ⁵kei³³pɐɯ⁴⁵,nəŋ²² ia$ʔ^{23}$tsʰ$ɒ^{33}$ɕieɯ^{45}n̥iɛ^{0}kʰa$ʔ^5$gɤ^{22}dʑy^{22}ua^{213}。

0012　快要下雨了，你们别出去了。

　　　　快乐洞＝雨了，你些农弗乐出去罢。

　　　　kʰua^{33}ŋɐɯ^{21}dəŋ^{21}ye^{13}lə^0，n̥iɛ^{13}sɛ$ʔ^5$nəŋ^{0}fəɯ$ʔ^5$ŋɐɯ^{21}tɕʰye$ʔ^5$kʰ$ɤ^{33}$
　　　　ba^0。

0013　这毛巾很脏了，扔了它吧。

　　　　乙＝根面巾邋遢险，帮渠甩了。

　　　　i$ʔ^5$kɛ̃^{33}miɛ̃^{22}tɕiŋ^{45}la$ʔ^2$tʰa$ʔ^5$ɕiɛ̃^{533}，pɔŋ^{45}gɤ^{22}ɕy$ʔ^5$lə^0。

0014　我们是在车站买的车票。

　　　　我些农是车站里买个车票。

　　　　ŋɒ^{13}sɛ$ʔ^5$nəŋ^{0}ʑi$ʔ^{23}$tɕʰiŋ^{55}dzaŋ^{21}lei^{45}ma^{13}kɛ$ʔ^0$tɕʰiŋ^{55}pʰieɯ^{334}。

0015　墙上贴着一张地图。

　　　　墙上贴了一张地图。

　　　　ʑiaŋ^{22}dʑiaŋ^{21}tʰiɛ$ʔ^5$lə^{0}i$ʔ^5$tiaŋ^{33}di^{13}duə^{221}。

0016　床上躺着一个老人。

　　　　门床上睏倒一个老实农。

　　　　məŋ^{22}zɛ̃^{21}dʑiaŋ^{13}kʰəŋ^{33}teɯ^{45}i$ʔ^5$kei^{33}leɯ^{13}ʑi$ʔ^2$nəŋ^{213}。

0017　河里游着好多小鱼。

　　　　溪里好多小鱼儿游去游去。

　　　　tɕʰiɛ^{45}lei^{0}xɐɯ^{53}tu^{45}ɕieɯ^{53}ŋɤ^{22}n̥iɛ^{21}iɯ^{22}kʰ$ɤ^{33}$iɯ^{22}kʰ$ɤ^{334}$。

0018　前面走来了一个胖胖的小男孩。

　　　　前面走来一个壮壮儿个舍＝儿农。

　　　　ʑiɛ̃^{22}miɛ^{21}tsu^{53}lei^{22}i$ʔ^5$kei^{33}tɕiɔŋ^{55}tɕiɔŋ^{33}n̥iɛ^{22}kɛ$ʔ^0$ɕiŋ^{33}n̥iɛ^{22}nəŋ^{213}。

0019　他家一下子死了三头猪。

　　　　渠处里一记儿死了三口猪。

　　　　gɤ^{22}tɕʰye^{33}lei^{45}i$ʔ^5$tsʅ^{33}n̥iɛ^{45}s$ʅ^{53}$lə^{0}san^{45}kʰu^{53}tɒ^{45}。

0020　这辆汽车要开到广州去。

乙⁼辆汽车乐开到广州去。

iʔ⁵ liaŋ²¹ tsʰ ɿ⁵³ tɕʰiŋ⁴⁵ ŋɒ²¹ kʰei⁴⁵ tɐɯ³³ kuaŋ⁵³ tɕiɯ⁴⁵ kʰ ɤ⁰ 。

0021　学生们坐汽车坐了两整天。

乙⁼些学生坐汽车坐了两个整日。

iʔ⁵ sɛʔ⁰ ɔʔ² ɕiaŋ⁴⁵ zu¹³ tsʰ ɿ⁵³ tɕʰiŋ⁴⁵ zu¹³ lə⁰ lɛ̃¹³ kei⁰ tɕiŋ⁵³ nɛʔ²³ 。

0022　你尝尝他做的点心再走吧。

你尝尝渠做个点心再去□。

ȵiɛ¹³ ziaŋ²² ziaŋ²¹ gɤ²² tsu³³ kɛʔ⁰ tiɛ̃⁵³ ɕiŋ⁴⁵ tsei⁴⁵ kʰ ɤ³³ uɛ⁰ 。

0023　a. 你在唱什么？ b. 我没在唱，我放着录音呢。

a. 你躲盪⁼唱哪西？ b. 我罉唱，我是盪⁼放录音。

a. ȵiɛ¹³ tiu⁴⁵ dəŋ²² tɕʰiaŋ³³ naʔ² ɕiɛ³³⁴ ？

b. ŋɒ¹³ vɛ̃²² tɕʰiaŋ³³⁴ , ŋɒ¹³ ziʔ² dəŋ³³ fəŋ³³ lɔʔ² iŋ⁴⁵ 。

0024　a. 我吃过兔子肉，你吃过没有？ b. 没有，我没吃过。

a. 我咥过兔儿肉，你咥过罉？ b. 罉，我罉咥过。

a. ŋɒ¹³ tiɛʔ⁵ ku⁰ tʰuə⁵⁵ ȵiɛ²¹ ȵiu²³ , ȵiɛ¹³ tiɛʔku⁰ vɛ̃⁰ ？

b. vɛ̃²²¹ , ŋɒ¹³ vɛ̃²² tiɛʔ⁵ ku⁰ 。

0025　我洗过澡了，今天不打篮球了。

我洗过浴了，今日弗打篮球罢。

ŋɒ¹³ ɕiɛ⁵³ ku⁰ iuʔ²³ lə⁰ , kɛʔ³ nɛʔ⁵ fəɯʔ⁵ tiaŋ⁵³ laŋ²² dʑiɯ²¹ ba⁰ 。

0026　我算得太快算错了，让我重新算一遍。

我算得忒快算错了，乞我再算一遍过。

ŋɒ¹³ sɛ̃³³ tiʔ⁰ tʰ ɛʔ⁵ kʰua³³ sɛ̃³³ tsʰu³³ lə⁰ , kʰ aʔ⁵ ŋɒ¹³ tsei⁴⁵ sɛ̃³³ iʔ⁵ piɛ̃³³ ku⁰ 。

0027　他一高兴就唱起歌来了。

渠一高兴就唱起歌来罢。

gɤ²² iʔ⁵ kɐɯ⁵⁵ ɕiŋ³³ ziɯ²¹ tɕʰiaŋ³³ tɕʰiʔ⁰ ku⁴⁵ lei⁰ ba⁰ 。

0028　　谁刚才议论我老师来着？

　　　　哪农拥᷈本᷈躲盪᷈讲我老师啊？

　　　　na¹³ nəŋ²² iɔŋ⁴⁵ pɛ̃⁵³ tiu⁴⁵ dɔŋ¹³ kɔŋ⁵³ ŋɔ¹³ lɐɯ²¹ sʅ⁴⁵ a⁰ ？

0029　　只写了一半，还得写下去。

　　　　总是写了一半，还乐写落去。

　　　　tsəŋ⁵³ ziʔ²³ ɕiɔ⁵³ lə⁰ iʔ⁵ pɛ̃³³⁴ ，aʔ² ŋɐɯ⁴⁵ ɕiɔ⁵³ lɔʔ² kʰɤ⁰ 。

0030　　你才吃了一碗米饭，再吃一碗吧。

　　　　你拥᷈咥了一碗饭，再咥碗添。

　　　　ȵiɛ¹³ iɔŋ⁴⁵ tiɛʔ⁵ lə⁰ iʔ⁵ uɛ̃⁵³ vaŋ²¹³ ，tsei⁴⁵ tiɛʔ⁵ uɛ̃⁵³ tʰiɛ̃⁴⁵ 。

0031　　让孩子们先走，你再把展览仔仔细细地看一遍。

　　　　讴小农儿去起，你再帮展览仔仔细细望一遍。

　　　　ɐɯ⁴⁵ ɕiɐɯ³³ nəŋ²² ȵiɛ²¹ kʰɤ³³ tsʰʅ⁵³³ ，ȵiɛ¹³ tsei⁴⁵ pɔŋ⁴⁵ tɕiɛ̃⁵³ laŋ¹³ tsɤ⁵³ tsɤ³³ ɕiɛ⁵⁵ ɕiɛ³³ mɔŋ²¹ iʔ⁵ piɛ̃³³⁴ 。

0032　　他在电视机前看着看着睡着了。

　　　　渠躲电视机前面望去望去都睏去了罢。

　　　　gɤ²² tiu⁴⁵ diɛ̃¹³ zʅ²¹ tsʅ⁴⁵ ziɛ̃²² miɛ̃²¹ mɔŋ²¹ kʰɤ⁴⁵ mɔŋ²¹ kʰɤ⁴⁵ tɐɯʔ⁵ kʰəŋ³³ kʰɤ⁴⁵ lə⁰ ba⁰ 。

0033　　你算算看，这点钱够不够花？

　　　　你算算望，一滴᷈儿钞票辽᷈够弗辽᷈够用？

　　　　ȵiɛ¹³ sɛ̃³³ sɛ̃⁴⁵ mɔŋ⁰ ，iʔ⁵ tiʔ⁵ ȵiɛ⁰ tsʰɐɯ⁵⁵ pʰiɐɯ³³ liɐɯ²² ku³³ fɐɯʔ⁵ liɐɯ²² ku³³ iɔŋ²¹³ ？

0034　　老师给了你一本很厚的书吧？

　　　　老师乞你一本厚险个书哦？

　　　　lɐɯ²¹ sʅ⁴⁵ kʰaʔ⁵ ȵiɛ¹³ iʔ⁵ pɛ̃⁵³ gu¹³ ɕiɛ̃⁵³ kɛʔ⁰ ɕye⁴⁵ ɒ⁰ ？

0035　　那个卖药的骗了他一千块钱呢。

　　　　赫᷈个卖药个骗了渠一千块钞票唻。

xaʔ⁵ kei⁰ ma²² iaʔ²³ kɛʔ⁰ pʰiɛ̃³³ lə⁰ gɤ²² iʔ⁵ tɕʰiɛ̃³³ kʰuei⁴⁵ tsʰɐɯ⁵⁵ pʰiɐɯ³³ lɛ⁰ 。

0036 我上个月借了他三百块钱。（既可指借入，又可指借出）

我上个月借了渠三百块钞票。

ŋɒ¹³ dʑiaŋ¹³ kei⁰ ȵyeʔ²³ tɕiŋ³³ lə⁰ gɤ²² saŋ⁴⁵ piaʔ⁰ kʰuei⁰ tsʰɐɯ⁵⁵ pʰiɐɯ³³⁴ 。

0037 王先生的刀开得很好。（王先生既可是医生，又可是病人）

王先生个刀开得好险。

iɔŋ²² ɕyɛ̃³³ ɕiaŋ⁴⁵ kɛʔ⁰ tauᵘ⁴⁵ kʰei⁴⁵ tiʔ⁰ xaɯ⁵³ ɕiɛ̃⁵³³ 。

0038 我不能怪人家，只能怪自己。

我无法怪别个农，总好怪自家。

ŋɒ¹³ muə²¹ faʔ⁵ kua³³ biʔ² kei⁴⁵ nəŋ⁰ ，tsəŋ⁵³ xɐɯ⁵³ kua³³ ʑyʔ² kɒ³³⁴ 。

0039 a. 明天王经理会来公司吗？ b. 我看他不会来。

a. 明日王经理会来公司弗？ b. 我望渠鲹来。

a. mɒ²² nɛʔ²³ iɔŋ²² tɕiŋ³³ li¹³ uei²¹ lei²² kəŋ³³ sɤ⁴⁵ fɐɯʔ⁵ ？

b. ŋɒ¹³ mɔŋ²¹ gɤ²² fei⁴⁵ lei²²¹ 。

0040 我们用什么车从南京往这里运家具呢？

卬用哪□车从南京望乙⁼盩⁼运家具？

aŋ⁴⁵ iɔŋ²¹ na²¹ nəŋ⁴⁵ tɕʰiɒ⁴⁵ ʑiɔŋ²² nɛ̃²² tɕiŋ⁴⁵ mɔŋ²¹ iʔ⁵ dɔŋ¹³ yŋ²¹ kɒ⁵⁵ dʐy²¹³ ？

0041 他像个病人似的靠在沙发上。

渠像个生病农样靠倒沙发上。

gɤ²² dʑiaŋ¹³ kei⁰ ɕiaŋ⁵⁵ biŋ²¹ nəŋ²² iaŋ²¹ kʰɐɯ³³ tɐɯ⁴⁵ sɒ³³ faʔ⁵ dʑiaŋ⁰ 。

0042 这么干活连小伙子都会累坏的。

乙⁼响⁼做道路连后生儿都会着力死个。

iʔ³ ɕiaŋ⁵³ tsu³³ dɐɯ²² luə²¹ liɛ̃²² u²¹ ɕiaŋ⁵⁵ ȵiɛ²¹ tɐɯʔ⁵ uei²¹ dʑiaʔ² liʔ²³ sɤ⁵³ kɛ⁰ 。

0043　他跳上末班车走了。我迟到一步，只能自己慢慢走回学校了。

渠跳上再后一班车去了。我迟了一步，总好自家慢慢儿走归学堂。

gɤ²² tʰiɐɯ³³ dziaŋ⁴⁵ tsei⁴⁵ u¹³ iʔ⁵ paŋ³³ tɕʰiŋ⁴⁵ kʰɤ³³ lə⁰。ŋɒ¹³ dzʅ²² lə⁰ iʔ⁵ buɐ²¹³，tsən⁵³ xɐɯ⁵³ ʑyʔ² kɒ³³⁴ maŋ²¹ maŋ¹³ ȵiɛ²² tsu⁵³ kuei⁴⁵ ɔʔ²³ dɔŋ²²¹。

0044　这是谁写的诗？谁猜出来我就奖励谁十块钱。

乙＝个是哪农写个诗？哪农猜得出我就奖哪农十块钞票。

iʔ⁵ kei⁰ ʑiʔ²³ na¹³ nəŋ²² ɕiŋ⁵³ kɐʔ⁰ sʅ⁴⁵？ na¹³ nəŋ²² tsʰei⁴⁵ tiʔ⁰ tɕʰyɛʔ⁵ ŋɒ¹³ ʑiɯ²¹ tɕiaŋ⁵³ na¹³ nəŋ²² ʑyɛʔ²³ kʰuei³³ tsʰɐɯ⁵⁵ pʰiɐɯ³³⁴。

0045　我给你的书是我教中学的舅舅写的。

我乞你个书是我教中学个舅舅写个。

ŋɒ¹³ kʰaʔ⁵ ȵiɛ¹³ kɐʔ⁰ ɕyɛ⁴⁵ ʑiʔ²³ ŋɒ¹³ kɐɯ³³ tɕiɒŋ⁴⁵ ɔʔ²³ kɐʔ⁰ dziɯ²¹ dziɯ¹³ ɕiŋ⁵³ kɐʔ⁰。

0046　你比我高，他比你还要高。

你比我长，渠比你还乐长。

ȵiɛ¹³ pi⁵³ ŋɒ¹³ dɛ̃²²¹，gɤ²² pi⁵³ ȵiɛ¹³ aʔ² ŋaɯ⁴⁵ dɛ̃²²¹。

0047　老王跟老张一样高。

老王对老张一样长。

laɯ¹³ iɒŋ²² tei³³ lɐɯ²² tɕiaŋ⁴⁵ iʔ⁵ iaŋ²¹ dɛ̃²²¹。

0048　我先走了，你们俩再多坐一会儿。

我去罢，你两农再坐记添。

ŋɒ¹³ kʰɤ³³ baʔ⁰，ȵiɛ¹³ lɛ̃¹³ nəŋ²² tsei⁴⁵ zu¹³ tsʅ⁰ tʰiɛ̃⁴⁵。

0049　我说不过他，谁都说不过这个家伙。

我讲弗过渠，哪农都讲弗过渠。

ŋɒ¹³ kɔŋ⁵³ fəɯʔ⁵ ku³³ gɤ²²¹ , na¹³ nəŋ⁵³ təɯʔ⁵ kɔŋ⁵³ fəɯʔ⁵ ku³³ gɤ²²¹ 。

我讲渠弗过，哪农都讲渠弗过。

ŋɒ¹³ kɔŋ⁵³ gɤ²² fəɯʔ⁵ ku³³⁴ , na¹³ nəŋ⁵³ təɯʔ⁵ kɔŋ⁵³ gɤ²² fəɯʔ⁵ ku³³⁴ 。

我讲弗渠过，哪农都讲弗渠过。

ŋɒ¹³ kɔŋ⁵³ fəɯʔ⁵ gɤ²² ku³³⁴ , na¹³ nəŋ⁵³ təɯʔ⁵ kɔŋ⁵³ fəɯʔ⁵ gɤ²² ku³³⁴ 。

0050　上次只买了一本书，今天要多买几本。

　　　上次总买了一本书，今日乐多买两本。

dʑiaŋ¹³ tsʰ ɤ⁵³ tsəŋ⁵³ ma¹³ lə⁰ iʔ³ pɛ̃⁵³ ɕyɛ⁴⁵ , kɛʔ³ nɛʔ⁵ ŋɐɯ²¹ tu⁴⁵ ma¹³

lɛ̃⁰ pɛ̃⁰ 。

第五章 话 语

一、讲 述

(一)方言老男

当地情况

今日唻印介绍介绍遂昌个特色食品,印讲讲唻"十月缸"。"十月缸"就是十月上搭个老酒。赫﹦便乙﹦个老酒唻在遂昌唻渠亦分白寺酒对红曲酒。赫﹦便以妙高镇为中心,望上赫﹦便讴西乡,望下底赫﹦便讴东乡。赫﹦便乙﹦个红曲酒唻以东乡为主,东乡农唻都是搭红曲酒个多,呃,白寺酒亦有农搭。赫﹦便西乡农唻大部分唻都是搭白寺酒个,红曲亦有农搭。啊,赫﹦便印今日唻就讲讲乙﹦个红曲酒。搭红曲酒乐三样原料是主要个,一样是红曲,一样是糯米,一样是㳇。啊,酒是㳇做个,㳇亦是很重要。

赫﹦便印先讲讲乙﹦个红曲。红曲唻就是酒药。赫﹦便乙﹦个红、乙﹦个红曲唻渠是乐行日街上去买个。行日去买红曲你望望亭﹦简单个道路,渠亦是有个窍门个。印先讲讲乙﹦个红曲是争儿个来个。红曲唻亦对做酒样米乐炊起,米炊起以后乐山个去药去择来。赫〓便乙〓个药是有好两种个，亦是一个秘方，一般农唻是弗报别个农个，啊，赫〓便乙〓个是祖传个多。每家个红曲个药都有弗同个一种成分在内底个，所以唻红曲唻亦有好乔〓。有些红曲做起就是好卖些，有些红曲做起弗好卖。赫〓便做红曲亦是一个辛苦险辛苦险个道路，啊。

唉，米炊起以后乐帮山上买来个药熬成汁，拌到乙〓个，啊，乙〓个炊熟了个乙〓个米上，赫〓便渠马上就乐动手发酵个，颜色唻就会变红来个。赫〓便渠个发酵过程唻，啊，赫〓便是个争儿个过程唻？渠乐摊到楼板上，摊到楼板上以后手乐递去摸。烫来了马上就乐耙，啊，赫〓便有滴〓儿赫〓个，啊，就乐拌，上底唻还乐麻袋遮起，乐麻袋遮起。乙〓个火速唻乐扣〓好，你如果乞渠发酵得太赫〓个了，忒过、忒过火了，赫〓渠就变糊了罢；如果讲发酵温度忒低，渠还是生□[gɛʔ²³]粒个，也就是讲硬生个，啊，糌充分发酵，赫〓便渠做个酒唻亦是弗充分个。

所以唻乙〓个红曲唻每次行日，啊，去买唻一般来讲都是认家数个，亦就是讲你今年做得好，明年唻还是寻赫〓个农盎〓买个，啊，乙〓个红曲唻乐认个。赫〓便红曲做好了以后争儿个红曲算好唻？是乐颗粒饱满，啊，颜色唻红得去都紫去，啊，赫〓便唻□[naŋ⁴⁵]到手上唻是比较轻个，啊，手骨一记摵唻是能够变粉个。你唻如果手骨一记摵内底还是米个，生□[gɛʔ²³]粒个，前面讲样，赫〓个红曲唻是糌发酵透。糌发酵透渠个出酒力是弗好个，红曲做起个酒个口味亦是弗好个。所以讲红曲很重要。

啊，红曲讲了后印再接落去讲讲糯米。糯米是做酒个主要成分。啊，乙〓个糯米唻亦有好糯米、乔〓糯米。一般来讲印亦乐挑饱满些个，啊，唉，赫〓个成熟些个。成熟些个糯米个特征是争儿啊？讴作晶莹剔透，望得去亮晶晶个，啊，无赫〓种白白点。因为白白点唻说明渠晒个过程当中唻都是糟成熟,糟成熟出酒率亦弗高个,啊,咥味唻亦是受影响个。啊,乙⁼个糯米亦乐选好,乐选上好个糯米做酒。

赫⁼便红曲亦有了,糯米亦有了,酒、乙⁼个酒唻是枠做个,印讲啊前面讲了,赫⁼便枠唻亦是很重要个。枠、哪□[nən⁴⁵]枠好唻?赫⁼便印本地唻一般每个村坊亦都有口好个凉枠,或者是好个枠井。啊,实在无便你用自来枠。有泉枠个说话印最好用泉枠,亦是遂昌农讲个凉枠。啊,赫⁼便头一日就乐早准备,啊,乐帮凉枠去,啊,取来。赫⁼便有些农是直接加枠个。你如果是乐摊凉来个,啊,加沸汤,啊摊凉个,赫⁼便还乐当日烧上,烧上去唻乐帮渠摊凉来,啊,摊到亨⁼、亨⁼温度唻十廿度亨⁼两子,啊。

赫⁼便三样东西都到齐了罢,红曲亦有了罢,米亦有了罢,啊,唉,乙⁼个枠亦有了罢,赫⁼便糯米唻先乐帮渠浸炖⁼炊上去,炊成糯饭。乙⁼个炊糯饭唻亦是一定乐用印遂昌,啊,遂昌农个乙⁼个炊法个,乐用饭甑炊个。你摆壳镬来煮啊,摆饭里蒸啊,乙⁼个都无用个,一定乐饭甑炊。米乐帮渠浸炖⁼,浸得弗乐浸得个水果⁼炖⁼,浸到水果⁼炖⁼时间忒长了,赫⁼个枠、枠井气亦弗好个做酒,啊。浸到火速刊⁼刊⁼儿好。赫⁼便米唻饱满了罢,啊,撩得起枠涕燥,放着饭甑上动手炊。啊,炊糯米亦是乐很注意很注意个。啊,因为争儿讲唻?你糯米如果炊得半生熟,做起个酒亦是弗好个;啊,你如果讲糯米炊得,啊,唉,半生烂个,还是硬个,做酒亦弗化,又是弗好。啊,做糯米,乙⁼个、乙⁼个糯米做酒,啊,乙⁼个炊饭是个关键。

啊,赫⁼便饭炊好了以后赫⁼便乐帮渠个倒到团箕上,倒到团箕上唻,啊,帮渠摊凉。因为印个时间,十月缸,前面讲个十月缸是农历个十月。啊,农历个十月唻天意⁼已经开始转凉来了罢,赫⁼便帮渠摊凉。摊凉是乐用手感个，弗乐摊得冰浸。冰浸了以后做起来个酒，啊，是弗出酿个，亦是弗好做个，啊。如果忒暖，啊，亦就动手拌，赫=便唻，你个酒做起唻就乐可能乐变酸，乐变糊。啊，所以讲乙=个手感很重要，完全是凭经验。手□[naŋ⁴⁵]去摸，再乐望天意=。今日是天晴个，天比较暖个，赫=你就乐扣=凉滴=儿；如果今日天无日头，啊，乙=个天意糟挑好。今日无日头，饭又炊上去了，赫=你乙=个米唻，啊，你个饭唻就稍微乐温度乐适宜个高滴=滴=儿，啊。

赫=便亨=两记火速儿扣=好了，凭亨=个经验扣=好了，红曲拌归去。赫=便乙=个红曲对米个比例争儿罢？乙=个乐盪=乐交待记儿，对弗对啊？赫=便，一般唻卬农村里唻是一斗米用一升红曲，一斗米是五斤，一升红曲唻赫=便乙=个东西唻可能是大概三两多滴=儿，以三升红曲大概为一斤亨=两记。啊，所以讲唻，你如果做五十斤个米，啊，赫=便你就乐五升个红曲，啊，唉，就、就乐就乐就乐十升个红、红曲，啊。十升红曲赫=便你到行日上大概买个三斤半亨=两记大概差弗多了。啊，通过亨=个比例，赫=便卬唻拌落去。

啊，赫=便饭炊好了，摊凉了红曲就拌归去。啊，赫=便乙=个拌唻有一种讴作湿拌，有一种讴作燥拌。湿拌是争儿拌唻？糯米饭比较烫，啊，乐洒滴=儿凉沸汤或者是林，啊，赫=便就讲对半，赫=个林唻就、就□[u³³⁴]归去了罢，赫=便渠浸得快些，手唻亦好去些。赫=便你燥拌唻，可能乐□[naŋ⁴⁵]个，啊，唉，毛、毛竹爿儿，耙，□[naŋ⁴⁵]来耙。啊，亦就是讲弗冲林个，是硬个毛=乞渠燥个。燥了以后，啊，乞渠亨=凉了以后，摊凉了以后再拌药个。啊，一种是燥拌，一种是湿拌。赫=便湿拌个说话，赫=你放到缸内去以后放个林唻亦就乐减滴=儿罢，啊，赫=便十斤米唻你就八斤林，因为你前面湿个时节拌唻已经放了林了罢,啊。如果是燥拌唻赫＝便你十斤米放个十斤林,啊。

今天我们来介绍一下遂昌的特产,我们讲讲"十月缸"。"十月缸"就是十月间做的老酒。这个老酒在遂昌分白寺酒和红曲酒。以妙高为中心,往上叫西乡,往下叫东乡。红曲酒以东乡为主,东乡人以做红曲酒居多,白寺酒也有人做。西乡人大部分都是做白寺酒,也有人做红曲酒。今天我们就说说红曲酒。做红曲酒有三样原料是主要的,一样是红曲,一样是糯米,一样是水。酒是水做的,水也是很重要的。

我们先说说这个红曲。红曲就是酒药。这个红曲要在集日到街上去买。集日买红曲你看看很简单,它也是有窍门的。我们先说说这个红曲是怎么来的。红曲也像做酒一样要蒸米,米蒸起来以后要去山上采药。这药有好几种,也是一个秘方,一般人是不告诉别人的,大多是祖传的。每家的红曲药里面都有不同的成分,所以红曲也有好坏。有些红曲做起来就好卖些,有些红曲做起来就不好卖。做红曲也是一件很辛苦的事情。

米蒸起来以后就要把山上买来的药熬成汁,搅拌到这个蒸熟了的米里,那么它就开始发酵,颜色就会变红。这个发酵过程是怎样的呢? 要把它摊到地板上,摊到地板上以后要把手伸去摸。感到有点烫起来了就要耙它,如果有点变糊了就要搅拌,上面还要用麻袋遮起来。这个火候要控制好,你如果让它发酵得太过火了,它就会变糊;如果发酵温度太低,它还是硬生生的,它就没有充分发酵,那它做的酒也是味道不到位的。

所以这个红曲呢,每次集日去买的时候一般来说都要认制作的人的,也就是说,你今年做得好,明年还是要找你买,所以买红曲是要认人的。红曲做好了以后怎样算是好的呢？是要颗粒饱满，颜色要红得发紫，拿到手上要比较轻，用手一捏就能变成粉的。你如果用手一捏还是米，硬生生的，就像前面说的，那个红曲没有发酵透。没发酵透的，它的出酒率就不高，这个红曲做的酒的味道也不好。所以说红曲很重要。

说完红曲后我们再接着说说糯米。糯米是做酒的主要成分。糯米也有好糯米、坏糯米。一般来说我们要挑选饱满些的，成熟些的。成熟些的糯米的特征是怎样的呢？就是晶莹剔透，看起来亮晶晶的，没有那种白点。因为有白点说明它在晒的过程中没成熟，没成熟的话出酒率就不高，口感就会受影响。这个糯米也要选好，要选上好的糯米做酒。

红曲也有了，糯米也有了，酒是水做的，我们前面说了，水也是很重要的。什么水好呢？我们本地一般每个村子都有口好的凉水井。实在没有的话就用自来水。有泉水的话我们最好用泉水，也就是遂昌人说的凉水。头一天要早做准备，要把凉水取来。有些人直接加水。你如果要让它变凉，那么你还要在当天烧开水后让它变凉，降至十几、二十几度这个样子。

这三样东西都准备齐了，红曲也有了，米也有了，水也有了，那么要先把糯米浸透再蒸成糯米饭。这个蒸糯米饭一定要用我们遂昌的蒸法，要用饭甑蒸。如果放锅子里煮，放饭里蒸，都是没用的，一定要用饭甑蒸。要把米浸透，但不要浸得太透，浸得太透，时间太长，那么这个井水的味道对做酒也会有影响。要浸到火候刚刚好，米要饱满，捞起来沥干，放到饭甑里开始蒸。蒸糯米也是要很注意的。为什么呢？如果糯米蒸得半生熟，做的酒也是不好的；如果糯米蒸得半生烂，还是硬的，做酒时化不开，这也不好。所以，做糯米饭，用糯米做酒时，蒸饭也是一个关键。

　　饭蒸好了以后就要把它倒到簸箕上，让它变凉。我们前面说的十月缸的十月指的是农历十月。农历十月天气已经开始转凉了，那就把它摊凉。摊凉要凭手感，不要摊得冰冷。冰冷了以后也不会出酒，也是不好做的。如果太暖，就要动手搅拌，否则你做的酒就可能变酸，变糊。所以说这个手感很重要，完全是凭经验。用手去摸，要看天气。如果今天天晴，天比较暖，那你就要控制得凉点儿；如果今天没太阳，这个天气就没挑好。今天没太阳，而饭又蒸上去了，那就要把你的米饭温度适当调高一点儿。

　　这样的火候控制好了，凭这样的经验控制好了，然后就把红曲搅拌进去。红曲跟米的比例是怎样的呢？这个要在这里交代一下。一般我们农村里是一斗米用一升红曲，一斗是五斤，一升红曲可能是三两多点儿，所以三升红曲大概是一斤的样子。所以，你如果做五十斤米，你就要用五升红曲，哦不，就要用十升红曲。十升红曲你到集日上大概买个三斤半的样子就差不多了。通过这样的比例，我们就把它们搅拌进去。

　　饭蒸好了，变凉了，红曲就搅拌进去。这个搅拌一种叫作湿拌，一种叫作干拌。湿拌是怎样拌的呢？糯米饭比较烫，要洒点儿凉开水或者一般的冷水，一比一搅拌，水就渗进去了，那么它就冷得快些，手也容易伸进去些。干拌呢，可能要拿块竹片把。也就是说不冲水，硬是让它变干。干了以后，让它这样凉了以后再拌药。一种是干拌，一种是湿拌。湿拌的话，你把它放到缸里以后加的水就要减一点儿了，那么十斤米就放八斤水，因为你前面在它湿的时候搅拌时已经放了水了。如果是干拌，十斤米就要放十斤水。

　　　　　　　　　　（2016 年 8 月 2 日，遂昌，发音人：郭雄飞）

(二)方言老女

传统节日

现在乙ᵉ记大势农生活条件好了喏,乙ᵉ个过节气亦讲究些了。以前过、霉ᵉ日儿喏我些农小个时间过节气、过清明啊端午些西,都是做滴ᵉ儿意思记。就讲处里有亨ᵉ多小农儿了喏,我婴些农亦便总归弗惊生活困难,总归亦乐做滴ᵉ儿起来,就讲乞小农儿咥咥。如果弗、弗做起个话啰,有些农,隔壁邻舍都做了,印些农弗做个话唻,乞别个农望着去好像印盉ᵉ罪过险,赫ᵉ便小农儿唻亦会亨ᵉ探啊探,探啊探,到农盉ᵉ去亨ᵉ探记探记亦弗好意思亨ᵉ个。赫ᵉ便都乐做滴ᵉ儿。

现在就弗同了罢。现在大势农做青馃喏,等于是讲,都讲乐做几多几多。做起了以后,像个内、赫ᵉ个赫ᵉ个胚啊,呃,内底个馅啊哪西唻都是讲究险了,料唻都是好险了罢。所以现在做青馃喏,亦蛮讲究。有些农哪是讲到赫ᵉ个啊,以前是讲到行内去买滴ᵉ儿挟ᵉ曲啊,买滴ᵉ儿哪西,现在讲些农讲行内个挟ᵉ曲还弗乐唻亨ᵉ讲,行内个挟ᵉ曲买来有些农都是赫ᵉ个哪□[nəŋ⁴⁵]草甘腾治了个唻,讲是药治了个,讲无法个,讲都自家去择。赫ᵉ便自家去择来就放心些啰,都是赫ᵉ些、赫ᵉ些农村里乙ᵉ些赫ᵉ个地搭ᵉ里啊有些弗治虫个赫ᵉ地方去择来个。对我些农啊都自家去择个前两年。择着来以后再自家做起,做起赫ᵉ个青馃喏亦事实还蛮好咥,好咥些总归。

现在大家的生活条件好了,过节气就讲究些了。以前我们小时候过节气、过清明端午什么的,都是意思一下。也就是说家里有这么多小孩儿,不管生活多么困难,妈妈都总归要做点儿出来给小孩儿吃。如果不做,隔壁邻居有些人做了而我们不做的话,给别人看到好像我们很可怜,那么小孩儿也就会到人家那里去探头探脑,这样也不好意思的。那么就都要做一点儿。

现在就不同了。现在大家做青馃都要说做多少多少。做了以后,像里面的馅啊什么的都很讲究,料呢也都很好。所以现在做青馃也很讲究。有些人说到以前是到集日去买点儿鼠曲草什么的,现在人们说集日里的鼠曲草都不要了,集日里的鼠曲草有些是用草甘膦治过虫了的,说是用药治过的,说不行,都要自己去采摘。自己去采摘就放心些了,都是去那些田地中有些不治虫的地方去采摘。像我们前两年都是自己去采摘的。采摘来以后再自己做,做起来的那个青馃呢也确实还蛮好吃的,总归是好吃些的。

(2016 年 8 月 2 日,遂昌,发音人:李桂飞)

(三)方言青男

当地情况

大家好,我讴江汇。今日唻我向大家简单介绍记赫⁼个遂昌个风土农情,□[naŋ]⁴⁵大家喏猜着记遂昌有哪些地方好搞个啊,有哪些,哪些东西、东西还好哇个,亨⁼唻大家以后来遂昌嬉样可以去嬉啊,哇都可以个。

遂昌争儿讲唻,渠躲浙江个赫⁼个地图上来讲已经算比较偏个一个县城唻,渠对算于对于浙江个西南方唻。但是唻是讲,偏是偏了滴⁼儿,但是渠整体关于城市个建设啊交通方面都还是还好个。遂昌因为渠是属于山地,所以讲渠躲天上望遂昌样渠等于是讲一个县城等于坐着赫⁼个两座山个中央亨⁼一条圻。所以讲啰来遂昌嬉个农躲着赫⁼个、赫⁼个街中央望去是讲遂昌县一直是,一圈都是山了个唻,就讲,望去[哪垄⁼]都是山了。

　　但所以讲,山多但是有个好处,是争儿㖷,气候比较好,你像沿海城市啊,弗惊渠刮台风亦好,讲赫⁼个洞⁼大雪亦好,但是对遂昌来讲渠滴⁼儿影响都无。拔⁼西无影响?因为气、赫⁼个风吹归来啊都□[naŋ⁴⁵]山挡了,所以讲唯一个影响是赫⁼个洞⁼、洞⁼柴⁼雨,反正对我些农来讲是比较凉快个。所以啰,渠些农来遂昌嬉过农都讲遂昌空气确实好,你啊杭州赫⁼埭归来样,渠就讲慢慢儿感觉啊,乙⁼个空气慢慢儿是讲比较,赫⁼个无、清水,是赫⁼个呼吸哪西都还弗错个,所以讲慢慢儿是讲适应。赫⁼个外地游客每年都会到遂昌来嬉记儿,赫⁼个间接是讲帮遂昌个经济带动起了罢。

　　大家好,我叫江汇。今天我向大家简单介绍一下遂昌的风土人情,让大家知道遂昌有哪些地方好玩,有哪些好吃的,这样大家以后来遂昌玩啊,吃啊都可以。

　　遂昌怎么说呢,它是浙江地图上看来一个比较偏的县城,位于浙江西南方。偏是偏了点,但它关于城市建设,像交通方面都还是好的。因为遂昌属于山地,所以从天上看遂昌的话,它像坐落于两座山中间的一条缝。所以,来遂昌玩的人站在街中间看去,说遂昌一圈都是山,也就是说,一眼望去到处是山。

　　但是,山多有个好处,怎么说呢,是气候比较好,不像沿海城市。不管刮台风还是下大雪,对遂昌来说一点儿影响都没有。为什么没影响?因为吹过来的风都被山挡了,唯一的影响就是下个阵雨,不过对我们来说也是比较凉快的。所以呢,来遂昌玩过的人都说遂昌空气确实好,比如从杭州那一带来的人,会说慢慢地感觉到空气清新了,呼吸什么的都不错,所以说慢慢地适应了。那些外地游客每年都会到遂昌玩,这间接地也就把遂昌的经济带动起来了。

(2016 年 8 月 2 日,遂昌,发音人:江汇)

（四）方言青女

传统节日

大势好,我讴应瑛。今日啊我忖对大势介绍记节气,遂昌农是争儿过节气个。遂昌唻是一个季节分明个地方,春夏秋冬每个季节内底有哪些呸个,乐做哪□[nən⁴⁵]道路,都是分工明确险个,亦都是有讲法个。所以遂昌农有一句话讴"四季八节",意思就是讲,春夏秋冬乙=四个季节内底乐过大大小小各种各样个节日、节气。首先唻我就按照时间个顺序对着大势介绍记。

第一唻印来讲清明。清明唻是每年个农历二月廿七,遂昌有一句老古话,"三日端午四日年,半日清明就落田"。到了清明唻就是春间,大势都乐去种田个,忙险个。所以讲大势做乙=个青馃啊,首先是有一个好处,乙=个青馃内底唻亦有馅个,咸咸儿个,带去唻又呸得饱个,而且浸个时间呸亦无要紧。所以讲带到田里去做道路啊就是好险个,呸得饱又味道。所以讲遂昌农合适做青馃。除了做青馃唻还乐上坟。清明主要就是做乙=两个道路。

赫=我先来讲乙=个青馃是争儿做做儿个。讲到乙=个青馃啊是个麻烦险个道路,一道一道个步骤唻是多险个。先来讲青馃胚。乙=个青馃胚唻渠需要用糯米对呸米两种米按照一定个比例帮渠混合起,比方讲三七开个啊还是四六开个。赫=乙=个唻是按照大势个口味自家去做个,拗些个啊,软些个,亨=。比例混合起以后唻,就乐约去碾米,有些农是约来舂个,赫=舂唻就更复杂。米碾好以后唻还无法直接用、用,渠是乐用筛儿约来筛,一道一道筛去筛去,筛个七八道,保证乙=个米唻是变成粉样匀匀儿个,粗个都弗乐个。亨=做出来个青馃唻拥=算齄。

再渠个另外一个原料唻是讴挟=曲,或者是蓬。挟=曲是最好个,蓬是第二,乙ᵓ两种都可以。乙ᵓ两种东西唻事实是田里个一种野草,绿颜色个。讲到乙ᵓ个挟ᵓ曲对蓬啊亦奇怪险个,渠益ᵓ有躲着清明赫ᵓ一段时间内底拥ᵓ会有,迟个啊早个都无个,过了清明渠亦就无了个。乙ᵓ个挟ᵓ曲对蓬择来以后唻,乐洗爽利。洗爽利以后唻园着枞内去沸,撩成糊。乙ᵓ个糊以后唻,再帮渠杂到赫ᵓ个碾,碾来个粉内底约来抭,是好像抭赫ᵓ个包子个赫ᵓ个胚一样个,抭去抭去,帮渠抭成大、绿绿儿个一大作ᵓ。好,亨ᵓ一个青馃胚就准备好了。

　　再来讲青馃馅。青馃馅唻遂昌农主要是两个口味,一个是甜个,一个是咸个。甜个唻主要是赤豆,有些农亦用油麻啊,桂花啊,乙ᵓ个自家加归去。另外咸个唻主要是香菜、笋。当赫ᵓ个清明个时间唻,乙ᵓ个笋亦是大排场出个时间。用乙ᵓ个新鲜个笋对香菜炒起,加滴ᵓ儿辣椒。有些农处里环境好滴ᵓ儿个舍得放料个唻,渠就还乐加滴ᵓ儿豆腐干个丝啊,明脯个丝啊,各种各样搭配起。再就可以,所有个料准备好了,就可以来包青馃了。

　　讲到乙ᵓ个包青馃啊,亦是有讲究个,多险农啊包弗起个。用遂昌话讲唻,是讲乙ᵓ个农手掌心发热个,所以是包弗起。事实唻乙ᵓ个只弗过讲对了一点,乙ᵓ个东西啊还是有□[gɐɯ¹³]门个,应该是讲你包个方法对弗对。有些农唻直接帮乙ᵓ个青馃胚唻园着手掌心上底,赫ᵓ手掌心确实是有滴ᵓ温度个,青馃胚唻又相对来讲是比较燥个,时间放着长了唻,只ᵓ去只ᵓ去唻时间长了以后,青馃胚就会燥去。燥去了唻就无亨ᵓ好包了,就会裂出来包弗起。所以遂昌农望着哪农包弗起就讲,喏,渠个手掌心发烫个喏,发热个所以包弗起。

　　真正会包青馃个农唻,渠赫ᵓ个青馃胚啊,弗是搭着乙ᵓ个手掌心上底个,渠是园着乙ᵓ个手手头乙ᵓ盪ᵓ个,对手掌心有滴ᵓ儿距离个。亨ᵓ只ᵓ去只ᵓ去只ᵓ去唻,赫ᵓ手手头个温度相对于手掌心来讲是乐低些个，赫＝渠是容易做起。最后，包好以后唻，是乐放着蒸笼内底去炊。嚎，赫＝乙＝个青馃拥＝炊出来啊，赫＝是当弗牢个香个，因为渠个胚内底有挟＝曲乙＝种新鲜个野菜个香味，再又加上乙＝个咸个、甜个啊乙＝些料个香味。嚎，蒸出来以后啊赫＝是锃光照亮个当弗牢好咥，一般个农啊一口气三四个是好咥险个。

乙＝个咥个东西做好了唻，还有一个风俗是乐去上坟。青馃带去，去望望自家躲着坟内底个赫＝些长辈，去拜拜渠些农，亦乞渠些农对卬一齐过过节日。到了节气上有好咥个东西去孝顺孝顺渠些农，乙＝个亦是遂昌农一定会做个。

赫＝清明讲了了唻接落去我来讲立夏。立夏唻是每年个三月廿九，三月廿九个时间啊，主要是咥两样东西——立夏糊、立夏饭。

先来讲立夏糊。遂昌有一句老古话，是讴"咥了立夏糊，走路乐农扶"。哪□[nəŋ^{45}]意思唻？农历三月廿九个时间唻是接近农历四月份罢，赫＝个时间唻气温高来了，但是遂昌唻湿度大险，农唻是会感觉无力险，软躺躺去，弗忖做道路。但是赫＝个时间唻又是种田最好个时间，所以农家都会产生一种感觉就是走路乐农扶，无力险大势。但是唻你又乐去做道路，赫＝大势唻就就地取材。取哪些东西唻？麦豆，再帮米磨成糊，再帮瘦肉儿、豆腐乙＝些东西掺起，沸起，一碗糊糊儿个，就好像包萝糊一种样个东西。但是渠是用米做个，是米糊，大势就讴渠立夏糊。乙＝个立夏糊唻大势一般是做成咸个，亦是好咥险个。

再还有立夏饭。因为乙＝个做立夏糊唻首先乐帮米弄成粉，乙＝个道路唻就是烦险个。赫＝一般生活节奏快了唻，大势就干脆咥立夏饭。乙＝个立夏饭唻实际就是麦豆饭。因为赫＝个时间啊，麦豆新出了，麦豆又香险。而且唻乙＝个麦豆饭是遂昌个一个特色，因为外底个农唻，渠些农是主要烧麦豆汤啊，麦豆炒肉片啊。但是乙＝个麦豆饭到底是争儿烧烧儿个唻？就是，我接落去来介绍。

乙＝个麦豆饭乐用到个原料唻亦是瘦肉儿啊，腊肉啊，香菇干啊乙＝些东西，最主要是麦豆。乙＝些唻都切成对麦豆大小个东、亨＝一粒一粒切起。切起唻放到油内底去炒记儿，炒得去半生熟。再帮糯米洗爽利了唻，亦对乙＝些前头炒起个东西一齐拌起，一齐炒，炒，稍微炒两记，炒得去有香味了以后唻，再放着蒸笼内底去炊。糯米个香味加上腊肉啊，麦豆个香味，嚎，赫＝亦是当弗牢好哇个。好多外底农来啊，哇了乙＝个麦豆饭都讲永固都忘记弗了。

好，立夏讲了了唻，我就乐来讲四月八。四月八哇哪西啊？哇乌饭。乙＝个唻又是一个奇特险个道路。讲着乙＝个乌饭唻，我先乐来讲一个小故事。乙＝个小故事唻亦就是遂昌农讲个乌饭是争儿来个，是一个孝子个故事。以前遂昌唻有一个木莲娘，还有一个木莲孙，渠两农唻是娘儿两个。木莲娘唻拥＝开始渠亦是农好险个，但是因为望弗惯边上农赫＝种弗好个习惯啊还是争儿唻，渠就开始对乙＝个社会唻有一种报复个心理。当时农哇个东西本身就少，渠处里唻相对来讲啊还比较爽个。渠争儿报复大势唻？比如渠乐哇鸡，渠乐酱油、酒啊七七八八个香料浸个七八道以后再约来哇。用印乙＝搬＝话讲啊，渠就是尽浪费。

乙＝个道路唻乞天上个天官识着了，渠些农就忖罚记乙＝个木莲娘，帮渠搭到天上个牢监内底关起了。赫＝木莲孙唻渠总感觉乙＝个是自家个老娘，就算渠有哪□[nəŋ⁴⁵]错，渠还是乐去望渠。但是比方讲渠真个饭带上去送牢饭去，天官肯定弗乞渠送个唻。赫＝争儿办唻？渠就忖了个办法，帮乙＝个糯米饭蒸起以后啊，□[mɛ̃⁴⁵]得个墨漆烂乌，再带上去。天官开得出来一记望，嗯？！哪□[nəŋ⁴⁵]东西哇？！亨＝墨乌去！都是树叶儿啊，樵啊，望都弗忖望，就讴渠归去了罢。木莲娘唻躲牢监内就哇了，到了儿送来个牢饭，事实乙⁼个饭啊还是芬香个好哐险个。乙⁼个就是遂昌农讲个乌饭个来历。

赫⁼乙⁼个乌饭到底是争儿做做儿个唻？首先渠乐用着一种植物个叶儿讴乌粥叶。乙⁼个乌粥叶唻亦是有讲究个，渠一定乐嫩险个，是乐当年生个，比如讲是先两年生起赫⁼种老个，赫⁼是无用个，一定是当年生个乌粥叶。帮渠弄碎了以后用赫⁼个乌乌儿个汁约去浸糯米，浸了以后唻，乙⁼个米唻就会变乌了。乌了以后啊再用饭甑约去炊，炊好以后唻是对我前头讲个麦豆饭事实是差弗多个，你可以按照自家个口味，甜个、咸个弄起哐。甜个罢加滴⁼儿白糖啰，炒记儿加滴⁼儿油；咸个唻赫⁼亦是约来炒记儿或者蒸起都可以个，赫⁼你亦加滴⁼儿腊肉啊，香菜啊，笋啊，油渣啊，有乙⁼个油渣赫⁼是特别香个。嚎，亨⁼弄起哐了以后唻，大势亦讲起好哐险个，因为难得哐着。

乙⁼个四月八个乌饭哐了以后啊，印就乐等五月初五过端午。乙⁼个过端午唻是个大道路，主要乐做两个道路，一个唻是乐包卷饼，还有一个唻是哐粽。

先来讲乙⁼个包粽。赫⁼我识着其他地方唻亦有一种包粽个风俗，但是遂昌包个粽唻渠又有遂昌个讲究个。比方讲乙⁼个叶乐用箬叶，再唻，乙⁼个米内底唻乐掺灰汁。乙⁼个灰汁唻主要是用黄金槠，或者是山木樨乙⁼两种植物烧成个灰做成个灰汁。

再还有一个最特别个地方，对别个地方都弗一样，嚎。赫⁼个扎粽唻，扎个时间外底个农唻渠都是用绳啊，线啊约来扎个。但是遂昌农啊，乙⁼个亦讲究险，是全天然个，渠乐用茛叶、茛须。乙⁼个茛须是哪耆⁼来个啊？是乐到高山礑壁上底高险高险个地方去割落来，再帮渠晒干。还有一种唻弗用茛须唻，渠些农是乐用棕树叶，乙⁼个棕树叶是阔个，亨⁼渠乐帮渠一绺一绺劙成丝。乙⁼两种东西取来以后唻，还乐帮渠煤。煤了以后唻渠乙⁼个绳唻就会非常个，嗯……牢，拖弗断个。亨⁼约来包粽啊赫⁼是真个解益⁼险个，好险个。取了乙⁼两种材料唻，就可以包粽了。具体包粽个方法唻赫⁼就弗需要我多讲了，因为各地都是差弗多个。

我再来讲讲乙⁼个粽个风俗。遂昌唻有好几种粽。第一种最普通个，亦是最好包个粽唻讴犬头粽，另外唻还有一种是长粽。乙⁼个长粽啊又分三种，一种小小儿个唻专门包起乞小农儿搞个，讴螟虫粽。亦是长个，但是渠是小险个。渠乙⁼个唻讲包起以后挂着小农儿个门床头，赫⁼便螟虫是觳来了个，所以讴螟虫粽。第二种唻是普通个长粽。第三种长粽啊，赫⁼是亦有一个讲法个。赫⁼渠乙⁼个粽啊最起码有四五十公分长，一般个农唻包弗起个，乐赫⁼种扼粽个老师来包个。长险长险渠一根粽可能乐用着二三十张箬壳，赫⁼个用赫⁼个蒗须来扎唻可能乐二三十箍。因为一般个粽大势都望着过，嚎，两箍、三箍就可以帮渠扎起，但是乙⁼个粽乐二三十箍，大势就可以忖着，乙⁼个粽有几多长。赫⁼拨⁼哪西乐包乙⁼种粽唻？遂昌农个讲法啊是去送大端午。乙⁼个大端午唻就是，嗯……两公婆结婚个第一年，老公处里乐包亨⁼个长粽送到老婆处里去，就是讲夫家送到娘家去。赫⁼你处里包个乙⁼个粽啊越长，是说明你处里农越爽，量器越大，生活越好，是因为有亨⁼个风俗。另外唻，除了粽还乐送鹅。送乙⁼两样东西到娘家去，就是讴送大端午。

赫⁼乙⁼个风俗讲了了唻，我再来讲油卷饼。前头讲个是包粽，嚎。咥粽、油卷饼乙⁼两个都是端午一定乐做个道路。赫⁼乙⁼个油卷饼唻亦有意思险个，有意思着哪个地方啊？是渠用个盘讴整盘，整盘唻渠个直径唻可能有三四十公分亨⁼大，是一个天平个壳镶。大势唻帮乙⁼个卷饼个赫⁼个米粉拌起以后唻躲上底一记抹，亨⁼，熟练个农亨⁼一圈一记抹唻，乙⁼个卷饼可能躲一秒、两秒内底就做好了罢。

拨＝哪西乐咥卷饼唻？因为赫＝个时间啊，蔬菜大排场上市了，大势躲赫＝一日内底唻是乐多咥蔬菜，亦弗咥饭个，卷饼就是主食。帮各种各样个蔬菜、豇豆啊，嗯……豆芽啊，红烧肉啊，都是亨＝丝样切起，包着乙＝个卷饼内底去，就是包卷饼咥，赫＝你可以咥多险个蔬菜。

乙＝个包卷饼啊有三样东西遂昌农躲赫＝一日唻是一定乐作为菜烧上去个。第一个是田螺，遂昌农讲田螺咥了唻眼睛光些个；第二个唻是盐子，因为盐子唻比较咸个，可以补充盐分，赫＝大势做道路个时间啊就有力些；第三种唻是大蒜，大蒜是杀菌个，赫＝个五月份个时间啊，应该是讲，自然界个细菌已经多险了，赫＝你咥咥大蒜杀菌，乙＝个大势亦都是识着个。

除了乙＝两样菜唻还乐咥银＝黄酒，乙＝个银＝黄酒唻是讲可以避蛇毒个。再躲门口唻还乐插菖蒲。乙＝两个是风俗。咥唻就是咥粽，再咥卷饼乙＝两样东西，赫＝乙＝个端午唻就是亨＝过个。

端午过了唻就乐过七月半。七月半遂昌农讴鬼节，赫＝大势出门去个时间唻爷娘就会交代你："今日是七月半嚎，你黄昏乐早滴＝儿归处个，弗乐嬉着迟险唉。"乙＝个是遂昌个风俗，早归，早滴＝儿归处。

七月半过了啊就乐过八月半。八月半唻是中秋，是个大节气。赫＝乙＝个节气唻我忖啊全国人民都是差弗多个，大势唻都乐一齐咥饭啊哪西烧得排场险。但是遂昌还有一个别个地方无个风俗，是乐咥月光饼。乙＝个月光饼啊我记着清楚险，还是我小时间个时间嚎，赫＝个月光饼唻是圆圆儿个好像一个月光样个，扁扁儿个。大农唻就会乞每个小农儿一个月光饼，饭咥了以后唻就讲讴你到外底去，天公下唻去等月光。望着月光出来了啊，乙＝个月光饼你无法咥个，乐先乞月光咥了起，月光咥了你小农儿拥＝可以去咥乙＝个月光饼。亨＝赫＝时间因为咥个东西少，大势啊是忕咥险，眼睛相巴巴、相巴巴去，赫＝便争儿办唻？调皮个小农儿唻就忕出来一个好办法：我自家偷偷儿啮一口，啮了一口唻再跳去报老爷老娘——你望望察，月光咥了罢！咥了我就可以咥罢嚎？赫＝事实爷娘也是识着个，大势啊笑笑儿，就开始开心险个，各个小农儿一齐来咥月光饼。

月、端、呃……月光饼咥了唻嚎，乙＝个八月半就过好了罢。八月半以后唻赫＝就是冬至。冬至是农历个十一月廿三，冬至遂昌农亦是乐上坟个。所以遂昌农个上坟，一个是清、清明，一个是冬至，都乐去个。

再接落去啊，就是一年到头过到头罢，就乐过年。过年唻大势赫＝是真个排场险个，基本上从农历个廿啊，廿三赫＝溋就开始准备了罢，烧各种各样个东西。遂昌特色个唻就是炊糕。炊糕唻又分青糕、发糕、糖糕。发糕唻渠因为乙＝个读音唻是"发财"个"发"，"步步高升"个"高"，所以家家户户啊大势都乐炊发糕咥。发糕、青糕、糖糕乙＝个是糕一类个。赫＝大势还乐炊山粉馃，还乐飞＝、飞＝豆腐，还乐做黄米馃。乙＝些东西唻都是过年乐准备起个，走到哪一家啊，大势处里啊都有咥个东西，随便到哪一家农溋去嬉唻，大势都会留你咥饭。乙＝个唻就是遂昌农个过年。

好，大大小小个节气讲了亨＝多，大势是弗是对遂昌个节气感觉有兴趣险，有意思险了？赫＝遂昌乙＝个小县城可以讲渠个文化传统啊还是保护得比较好个，所以欢迎大势啊到我遂昌来嬉！

大家好，我叫应瑛。今天我想跟大家介绍一下节气，遂昌人是怎样过节气的。遂昌是一个季节分明的地方，春夏秋冬每个季节有哪些吃的，要做什么事情，都是分得很明确的，也都有个说法。所以遂昌人有一句话叫作"四季八节"，意思就是说，春夏秋冬四个季节里要过大大小小的各种节日和节气。首先我就按照时间顺序给大家介绍一下。

第一我们来说清明。清明是每年的农历二月二十七，遂昌有句古话，"三日端午四日年，半日清明就下田"。到了清明就是春天了，大家都要去种田，很忙。大家做这个青馃首先有一个好处，这个青馃里面有馅，咸咸的，带去又能吃得饱，而且冷了吃也没关系。所以带到田里去做事情就很好，吃得饱又有味道。因此遂昌人喜欢做青馃。除了做青馃还要上坟。清明主要就是做这两件事情。

我先来说说这个青馃是怎么做的。说到做这个青馃，是件麻烦的事情，一道道步骤很多。先来说青馃胚。这个青馃胚需要用糯米跟籼米两种米按照一定的比例混合起来，比方说三七开或者四六开。这是按照大家自己的口味去做的，比如韧点的、软些的。比例混合起来以后，就要拿去碾米，有些人是拿来舂，舂就更复杂了。米碾好以后还不能直接用，要用筛子筛，一遍一遍筛，筛它七八道，保证这个米变成均匀的粉状，粗的都不要。这样做出来的青馃才算是细嫩。

它的另外一个原料是鼠曲草或者蓬草。鼠曲草最好，蓬草第二，这两种都可以。这两种东西其实是田里的一种野草，绿色的。说到这个鼠曲草和蓬草啊，也真奇怪，它只有在清明那一段时间里才会有，迟些早些都没有，过了清明也就没了。这个鼠曲草和蓬草采摘来以后要洗干净。洗干净以后放到水里去煮，搅成糊。搅成这个糊以后再把它混到碾好的粉里一起揉，就好像揉那个包子面团一样，揉去揉去，把它揉成绿绿的一大团。好，这样一个青馃胚就准备好了。

再来说说青馃馅。遂昌的青馃馅主要有两种口味，一种是甜的，一种是咸的。甜的主要是赤豆，有些人也用芝麻、桂花，这是自已加进去的。另外一种咸的主要是腌青菜、笋。清明期间大量的笋长出来,用这个新鲜笋跟腌青菜一起炒起来,加点辣椒。有些家境好点的还舍得放些料,加点豆腐干丝、乌贼丝,各种各样搭配起来。所有的料准备好了就可以开始包青馃了。

说到这个包青馃,也是有讲究的,很多人包不起来。用遂昌话说是这个人手掌心发热的,所以包不起来。其实这只说对了一点,这个东西是有窍门的,应该是包的方法不对。有些人直接把这个青馃胚放在手掌心上面,那个手掌心确实有点温度,青馃胚相对来说比较干燥,时间放长了,捏着捏着时间长了,青馃胚就会变干。变干了就没这么好包了,就会因裂开而包不起来。所以遂昌人看到谁包不起来时就说,喏,他的手掌心发烫的,发热了所以包不起来。

真正会包青馃的人啊,他那个青馃胚不是搭在手掌心上面,而是放在手指头那里,跟手掌心有点距离。这样捏呢,手指头的温度相对于手掌心来说要低些,那就容易包了。最后,包好了以后,就要放到蒸笼里面去蒸。这个青馃刚蒸出来的时候是不得了的香,因为它里面有鼠曲草这种新鲜野菜的香味,再加上这个咸的、甜的料的香味。蒸出来以后真是亮晶晶的不得了的好吃,一般人一口气吃三四个是很容易的。

这个吃的东西做好了,还有一个风俗是去上坟。青馃带去,去看看自家待在坟里的那些长辈们,去祭拜他们,也让他们跟我们一起过节日。到了节气有好吃的东西去孝顺孝顺他们,这也是遂昌人一定会做的。

清明说完了,接着我来说一说立夏。立夏是每年的三月二十九。三月二十九的时候主要吃两样东西——立夏糊和立夏饭。

先来说说立夏糊。遂昌有句古话,叫作“吃了立夏糊,走路要人扶”。什么意思呢?农历三月二十九的时候接近农历四月了,那个时候气温高起来了，遂昌湿度很大，人会感觉很没力气，软绵绵的，不想做事情。但是那个时候又是种田最好的时间，所以人们就会产生一种走路要人扶、很没力气的感觉。可是你又得去做事情，那么大家就会就地取材。取哪些东西呢？取豌豆，再把米磨成糊，把瘦肉、豆腐这些东西掺和起来，煮起来，一碗糊糊的，就好像玉米糊一样的。它是用米做的，是米糊，大家就叫它立夏糊。这个立夏糊，大家一般是做成咸的，也是很好吃的。

再还有立夏饭。因为做立夏糊首先要把米磨成粉，这件事情很麻烦。生活节奏快了，大家就干脆吃立夏饭。这个立夏饭实际上就是豌豆饭。那个时候豌豆新长出来了，还很香。这个豌豆饭是遂昌的一个特色，因为外地人主要是烧豌豆汤、豌豆炒肉。但是，这个豌豆饭到底是怎么烧的呢？接下来我介绍一下。

这个豌豆饭要用到的原料也是瘦肉、腊肉、香菇什么的，最主要的是豌豆。这些都切成跟豌豆差不多大小的颗粒，切好后放到油里去炒一会儿，炒得半生半熟。再把糯米洗干净了，也跟这些先前炒起来的东西一起搅拌，一起炒，稍微炒几下，炒得有香味了以后，再放到蒸笼里面去蒸。糯米的香味加上腊肉和豌豆的香味，那也是不得了的好吃。很多外地人来这里，吃了这个豌豆饭以后永远都不会忘记。

好，立夏讲完了，我再来说说四月八。四月八吃什么呢？吃乌饭。这又是一件很奇特的事情。讲到这个乌饭，我先要讲一个小故事。这个小故事讲的是遂昌人说的乌饭是怎么来的，这是一个有关孝子的故事。以前遂昌有一个木莲娘和一个木莲孙，他们是娘儿俩。木莲娘刚开始时也是很好的，但是因为看不惯旁边的人的不好的习惯还是什么的，她就开始对这个社会产生了一种报复心理。当时的人们很少有东西吃，而她相对来说还比较富裕。她怎么报复大家呢？比如她要吃鸡，她就用酱油、酒等杂七杂八的东西把鸡浸泡七八遍以后再拿来吃。用我们现在的话说，她就是浪费。

这件事情被天上的天官知道了，他们就想惩罚一下这个木莲娘，把她抓到天上的监狱关起来。那个木莲孙觉得她是自己的娘，就算她有什么错，他总归还是要去看她的。但是如果他真的把饭带进牢去，天官肯定不会让他送的。怎么办呢？他就想了个办法，把这个糯米饭蒸起来以后，把它弄得漆黑再带上去。天官一看，咦？！什么东西啊？！这么黑的！都是树叶、柴枝，看都不想看，就让他送完饭回去了。木莲娘在牢里吃了儿子送来的牢饭，其实这个饭香喷喷的，很好吃。这就是遂昌人说的乌饭的来历。

那这个乌饭到底是怎么做的呢？首先它要用到一种植物的叶子——乌粥叶。这个乌粥叶也是有讲究的，它一定要非常嫩，是要当年生的，如果是前几年生的那种老的，那是没有用的，一定要当年生的乌粥叶。把它弄碎了以后用黑黑的汁去浸糯米，浸了以后这个米就会变黑。黑了以后再用饭甑蒸，蒸好以后就跟我前面讲的豌豆饭的做法差不多了，可以按照个人的口味，甜的、咸的做起来吃。要甜的就加点白糖，炒一下加点油；要咸的话也是要炒一下或者蒸一下，你也可以加点腊肉、腌青菜、笋、油渣，有了这个油渣就特别香。这样做起来吃了以后，大家也都会说很好吃，因为这是难得能吃到的。

这个四月八的乌饭吃了以后，我们就要等到五月初五过端午了。过端午是一件大事，主要是要做两件事，一个是包卷饼，还有一个是吃粽子。

先来说包粽子。我知道别的地方也有包粽子的风俗，但是遂昌包的粽子有遂昌的讲究。比如说叶子要用箬叶，还有米里面要掺灰汁。这个灰汁主要是用黄金柴，或者是山木樨这两种植物烧的灰制成的。

另外还有最特别的地方,跟别的地方都不一样。关于扎粽子,外地人都是用绳啊,线啊什么的进行包扎。但是遂昌人对这个也很有讲究,是用全天然的东西来扎,要用到莨叶、莨须。这个莨须是哪里来的呢?要到高山石壁上很高很高的地方去割来,再把它晒干。还有一种不用莨须,他们是用棕树叶,这个棕树叶是宽的,要把它一条一条划成丝。这两种东西取来以后,还要煮一煮。煮了以后这个绳子就非常结实了,拉都拉不断。这样的绳子拿来包粽子真的非常好。取了这两种材料就可以包粽子了。具体包粽子的方法就不需要我多说了,因为各地都差不多。

我再来说说粽子的风俗。遂昌有好几种粽子。第一种最普通,也是最容易包的粽子叫作狗头粽,另外还有一种是长粽。这个长粽又分三种,一种是小小的专门包起来给小孩子玩的,叫作蚊子粽。它也是长的,但它很小。把它包起来以后挂在小孩子的床头,那么蚊子就不会来了,所以叫作蚊子粽。第二种是普通的长粽。第三种长粽也有一个说法。这种粽子最起码有四五十公分长,一般人是包不起来的,要那种包粽师傅才能包起来。很长很长的一个粽子可能要用二三十张箬叶,用来扎的莨须可能也要二三十箍。一般的粽子大家都看到过,两箍、三箍就可以把它扎起来,但是这个长粽要二三十箍,大家就可以想象这个粽子该有多么长了。那么为什么要包这种粽子呢?遂昌人的说法是去送大端午。这个大端午就是夫妻结婚的第一年,丈夫家里要包这样的长粽送到妻子家里去,即夫家送到娘家去。你家里的这个粽子越长,说明你家里人越富裕,器量越大,生活越好。就是因为有这样的风俗才要包这种粽子。另外,除了送粽子,还要送鹅。送这两样东西到娘家去,就叫作送大端午。

　　这个风俗讲完了，我再来讲讲油卷饼。前面讲的是包粽子，而吃粽子和吃油卷饼这两样是端午节一定要做的事情。这个油卷饼也很有意思，有意思在什么地方呢？在于它所用的整盘的直径可能有三四十公分长，是一个很平的锅子。大家把这个做卷饼的米粉搅拌起来后往上面一抹，熟练的人这样一圈一下抹，这个卷饼可能在一秒、两秒钟时间里就做好了。

　　那为什么要吃卷饼呢？因为这个时候蔬菜大量上市，大家在这一天里面要多吃蔬菜，不吃饭，卷饼就是主食。把各种各样的蔬菜，如豇豆、豆芽，还有红烧肉，都切成丝状，包到这个卷饼里面去，就是包卷饼吃，那样你就可以吃很多的蔬菜了。

　　关于包卷饼，有三种东西遂昌人是一定要作为菜包进去的。第一个是田螺，遂昌人说吃了田螺眼睛会很亮；第二个是咸鸭蛋，因为咸鸭蛋比较咸，可以补充盐分，那样大家做事情时就会比较有力气；第三个是大蒜，大蒜是杀菌的，五月份的时候，自然界里的细菌已经很多了，那么人们就吃大蒜来杀菌，这个大家也都是知道的。

　　除了吃这两样菜还要喝雄黄酒，这个雄黄酒据说是可以避蛇毒的。另外还要在家门口插菖蒲。这两个是风俗。吃的话就是吃粽子、卷饼这两样东西，那么端午就这样过去了。

　　端午过了就要过七月半。七月半遂昌人叫鬼节，大家出门的时候爸妈就会交代："今天是七月半哦，你晚上要早点儿回家，不要玩得太迟。"这是遂昌的风俗，要早点回家。

　　七月半过了就要过八月半。八月半是中秋，是一个大节气。这个节气的过法我想全国人民都差不多的，大家都要一起吃饭什么的，搞得很排场。但是遂昌还有一个别的地方没有的风俗，就是吃月亮饼。这个月亮饼我记得很清楚，还是在我小时候，那个月亮饼圆圆的,好像月亮一样,扁扁的。大人会给每个小孩一个月亮饼,吃完饭后就叫你到外面去,在天空下等月亮。看到月亮出来时,这个月亮饼你是不能吃的,要让月亮先吃,月亮吃了以后小孩子才可以去吃这个月亮饼。那个时候因为吃的东西少,大家都很想吃,眼巴巴地看着,那怎么办呢?调皮的小孩就想出来一个好办法:我自己偷偷地咬一口,咬了一口再跑去告诉爸爸妈妈——你看一看,月亮已经吃了!它吃了我也就可以吃了哦?其实爸爸妈妈也是知道的,大家也就笑笑,孩子们也就很开心地一起吃起了月亮饼。

月亮饼吃了呢,这个八月半就过好了。八月半以后就是冬至。冬至是农历十一月二十三,冬至时遂昌人也要上坟。所以遂昌人上坟的时间,一个是清明,一个是冬至,两个日子都要去的。

再接下去,就是一年过到头了,就要过年了。过年时大家那真是很排场的,基本上是从农历十二月二十、二十三那时就开始准备了,烧各种各样的东西。遂昌的特色就是蒸糕。蒸糕又分青糕、发糕和糖糕。发糕呢,因为读音是"发财"的"发","步步高升"的"高",所以家家户户都要蒸发糕。发糕、青糕、糖糕等是糕一类的。大家还要蒸山粉馃,还要炸豆腐,还要做黄米馃。这些东西都是过年要准备起来的,无论走到哪家,都有吃的东西,随便到哪家去玩,大家都会留你吃饭。这就是遂昌人的过年方式。

好了,大大小小的节日和节气讲了这么多,大家是不是对遂昌的节日和节气感到很有兴趣,觉得很有意思了?遂昌这个小县城可以说文化传统还是保护得比较好的,所以欢迎大家到我们遂昌来玩!

(2016 年 8 月 2 日,遂昌,发音人:应瑛)

二、对　话

对话人：

老郭——郭雄飞，方言老男

老李——李桂飞，方言老女

小江——江　汇，方言青男

小应——应　瑛，方言青女

老李：我讴李桂飞，是西街农。

老郭：我讴郭雄飞，是妙高东街农。

小江：我讴江汇，亦是遂昌东街妙高农。

小应：我讴应瑛，我亦是东街农。大势好！

众人：大家好哦，大家好！

老郭：在座个都是妙高农，印讲讲妙高。印遂昌拨＝哪西讴妙高唻？
　　　印有个妙高山，是弗啊？

老李：对个。

老郭：有个。

小应：是个。

小江：赫＝个是老妙高山了罢。

老郭：哦，妙高山，嚎。赫＝便印遂昌农过年初一有个哪□[nəŋ^{45}]
　　　习、习惯个啊？

小江：拜老佛哇。

小应：正月初一罢爬山哇。

众人：……爬山哇。

老郭：正月初一唻印遂昌农唻有个习惯唻，就讲弗去串客走门个，弗去访亲戚个,乐自家一家农拼起唻到妙高山去嬉个,讴作登高,哦。唉,初一是登高,赫＝便过了年便年年高,亨＝,日日高,亨＝。赫＝便妙高山印些农走上去一个公园做得好个,公园内有三个哪□[nəŋ⁴⁵]字啊?

小江:哇?

老郭:公园赫＝个牌有三个哪□[nəŋ⁴⁵]字个啊?

小江:乙＝个唻多年糟……

小应:妙高山哇,妙高山哇。

老郭:妙高山公园内底有块牌做起个,讴"锦花园"。

众人:哦……

老郭:"锦花园"赫＝三个字是哪个农写个?

小江:赫＝乙＝个倒真弗猜着罢。

小应:唉?

老李:是粟裕弗是啊?

小江:啊?

老郭:赫＝个字唻是西街个有个农讴黄一峰个乙＝个老先生写个字,赫＝个"锦花园"三个字边上有"黄一峰书"三(四)个字。黄一峰乙＝个农唻在西街唻渠是开了个字店个。霉＝日儿个西街是一绺儿个啰亨＝啰,狭狭儿个嚎,唉,三轮车轧去两面都撞着个。赫＝个黄一峰你些农还记着弗啊?

老李:弗识着。

小江:我些农是弗猜着,你些农有印象个。

老李:我是弗识着,你亦弗识着。

老郭:亦弗识着,嚎?赫＝个老先生字写得遂昌是算一流个,大家都比较佩服个,所以还留了滴＝儿字乞遂昌农望望个。嚎!唉……

小江:亨＝唻今日弗亨＝……真、真弗猜着唻。

老郭：唉，下一次……

老李：亨⁼我些农爬妙高山印亦赠注意，赫⁼个时间唻……

老郭：下一次去个说话唻，走到赫⁼个妙高山个公、下底赫⁼个公园内唻，赫⁼两个字乐望记儿，赫⁼个字个神气蛮好个，下底有"黄一峰"两个字。

老李：赫⁼将⁼真，赫⁼下次儿印去爬山注意记望。

老李：我叫李桂飞，是西街人。

老郭：我叫郭雄飞，是妙高东街人。

小江：我叫江汇，也是遂昌妙高东街人。

小应：我叫应瑛，我也是东街人。大家好！

众人：大家好啊，大家好！

老郭：在座的都是妙高人，我们来说说妙高。我们遂昌为什么叫妙高呢？我们有个妙高山，是不是啊？

老李：对的。

老郭：有的。

小应：是的。

小江：那个是老妙高山了。

老郭：哦，妙高山。那么我们遂昌人正月初一有什么习惯呢？

小江：拜菩萨啊。

小应：正月初一么要爬山啊。

众人：……爬山啊。

老郭：正月初一呢，我们遂昌人有个习惯，就是不去串门走亲戚，要自己一家人凑在一起到妙高山玩，叫作登高。初一登高，那么过了年就年年高，天天高。妙高山我们走上去，可以看到有一个公园做得好，公园里有三个什么字啊？

小江:嗯?

老郭:公园那个牌子上有三个什么字啊?

小江:这个么多年没有……

小应:妙高山啊,妙高山啊。

老郭:妙高山公园里面有块牌子叫"锦花园"。

众人:哦……

老郭:"锦花园"那三个字是谁写的?

小江:那这个么倒真不知道了。

小应:嗯?

老李:是粟裕吗?

小江:啊?

老郭:那个字呢是西街一个叫黄一峰的老先生写的,那个"锦花园"
　　　三个字边上有"黄一峰书"四个字。黄一峰在西街开了个字
　　　店。以前的西街是一长条那样的,窄窄的,三轮车挤进去两面
　　　都能碰到。那个黄一峰你们还记得吗?

老李:不知道。

小江:我们不知道,你们是有印象的。

老李:我是不知道,你也不知道。

老郭:也不知道,啊? 那个老先生的字在遂昌算是写得一流的,大家
　　　都比较佩服他的,所以还留了点儿字给遂昌人看看。啊! 嗯……

小江:这样啊,今天不这样……还真不知道。

老郭:唉,下一次……

老李:我们爬妙高山时我们也没注意,那个时间啊……

老郭:下次去的话,走到妙高山下面那个公园里呢,那几个字要看一
　　　下,那个字的精、气、神挺好的,下面有"黄一峰"这几个字。

老李:那是,那下次我们去爬山时要注意一下。

第六章　口头文化

一、歌　谣

荒$^{=}$鸟哥，荒$^{=}$鸟娘

荒$^{=}$鸟哥，荒$^{=}$鸟娘，	xɔŋ^{55}tiɐɯ^{33}ku^{45}，xɔŋ^{55}tiɐɯ^{33}ȵiaŋ^{221}，
到我门口搭个窠；	tɐɯ^{55}ŋɒ^{13}məŋ^{13}k^{h}u^{53}taʔ^{5}kei^{33}k^{h}u^{45}；
荒$^{=}$鸟哥，荒$^{=}$鸟娘，	xɔŋ^{55}tiɐɯ^{33}ku^{45}，xɔŋ^{55}tiɐɯ^{33}ȵiaŋ^{221}，
到我门口搭个棚；	tɐɯ^{55}ŋɒ^{13}məŋ^{13}k^{h}u^{53}taʔ^{5}kei^{33}bəŋ^{221}；
荒$^{=}$鸟哥，荒$^{=}$鸟娘，	xɔŋ^{55}tiɐɯ^{33}ku^{45}，xɔŋ^{55}tiɐɯ^{33}ȵiaŋ^{221}，
到我门口咥碗饭。	tɐɯ^{55}ŋɒ^{13}məŋ^{13}k^{h}u^{53}tiɛʔ^{3}uɛ̃^{55}vaŋ^{213}。

（2016 年 7 月 29 日，遂昌，发音人：郭雄飞）

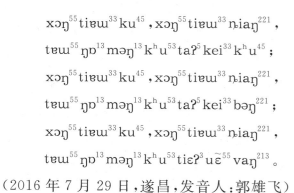

摇摇毛竹公

摇摇毛竹公，	iɐɯ^{22}iɐɯ^{21}mɐɯ^{21}tiuʔ^{3}kəŋ^{45}，
摇摇毛竹婆；	iɐɯ^{22}iɐɯ^{21}mɐɯ^{21}tiuʔ^{3}bu^{221}；
我对你一样高，	ŋɒ^{21}tɛʔ^{5}ȵiɛ^{21}iʔ^{5}iaŋ^{21}kɐɯ^{45}，

我对你一样粗。 　　　　　　ŋŋ²¹tɛʔ⁵ ȵiɛ²¹i ʔ⁵iaŋ²¹tsʰuə⁴⁵。

（2016 年 8 月 2 日，遂昌，发音人：应瑛）

遂昌三样宝

遂昌三样宝， 　　　　　　zy²¹tɕʰiaŋ⁴⁵saŋ⁴⁵iaŋ²¹pɐɯ⁵³³，

翻山过岭当棉袄； 　　　　　faŋ³³saŋ⁴⁵ku³³liŋ¹³tɔŋ³³miɛ̃¹³ɐɯ⁵³³；

辣椒当油炒， 　　　　　　la ʔ²tɕiɐɯ⁴⁵tɔŋ³³iɯ²²tsʰɐɯ⁵³³，

篾黄当灯照。 　　　　　　miɛʔ²³ɔŋ²²tɔŋ³³tiŋ⁴⁵tɕiɐɯ³³⁴。

（2016 年 8 月 2 日，遂昌，发音人：应瑛）

磨豆腐

咕哩噶，磨豆腐， 　　　　　ku⁰li⁰ka⁰，mu²¹dəɯ¹³vuə²¹³，

豆腐磨起发豆花； 　　　　　dəɯ¹³vuə²¹mu²¹tɕʰiʔ³faʔ⁵dəɯ²¹xɒ⁴⁵；

大碗请外甥， 　　　　　　dəɯ²¹uɛ̃⁵³tɕʰiŋ⁵³ua²²ɕiaŋ⁴⁵，

小碗自家哐。 　　　　　　ɕiɐɯ⁵³uɛ̃⁵³zyʔ²kɒ³³tiɛʔ⁵。

哐了慢慢走， 　　　　　　tiɛʔ⁵lə⁰maŋ²²maŋ²¹tsɐɯ⁵³³，

一走走到外婆镶灶头； 　　i ʔ³tsɐɯ⁵³tsɐɯ⁵³tɐɯ³³ua²²bu²¹ɔʔ²³tsɐɯ³³

　　　　　　　　　　　dəɯ²²¹；

三个火樵头， 　　　　　　saŋ⁴⁵kei³³xu³³ziɐɯ²²du²¹³，

划着面上花溜溜。 　　　　uaʔ²³dɛʔ²miɛ̃²¹dziaŋ¹³xɒ⁴⁵liu⁰liu⁰。

弗乐叫，弗乐叫， 　　　　fəɯʔ⁵ŋɐɯ²¹iɐɯ³³⁴，fəɯʔ⁵ŋɐɯ²¹iɐɯ³³⁴，

带你门口望花轿； 　　　　ta³³ȵiɛ⁴⁵məɯ¹³kʰu⁵³məɯ²¹xɒ⁵⁵dziɐɯ²¹³；

花轿下撮了个大荒鸡。 　　xɒ⁵⁵dziɐɯ²¹iŋ¹³tsʰɐɯʔ⁵lə⁰kei³³dəɯ²¹

　　　　　　　　　　　xɒŋ³³iɛ⁴⁵。

约去望外婆，　　　　　　　　　iaʔ⁵ kʰɤ³³ mɔŋ²¹ ua²² bu²¹³ ，

外婆不是处；　　　　　　　　　ua²² bu²¹ fəuʔ⁵ ʑiʔ²³ tɕʰyɛ³³⁴ ；

望外公，外公大门钉⁼反挂；　　mɔŋ²¹ ua²² kəŋ⁴⁵ ，ua²² kəŋ⁴⁵ dɯ¹³ məŋ²²
　　　　　　　　　　　　　　　tiŋ³³ paŋ⁵⁵ tyɛ³³⁴ ；

望姑娘，姑娘隔壁偷鸡娘；　　mɔŋ²¹ kuə⁵⁵ ȵiaŋ²¹ ，kuə⁵⁵ ȵiaŋ²¹ kaʔ³ piʔ⁵
　　　　　　　　　　　　　　　tʰəɯ³³ iɛ⁵⁵ ȵiaŋ²¹³ ；

望娘舅，娘舅田里褪落苏；　　mɔŋ²¹ ȵiaŋ²¹ dʑiɯ¹³ ，ȵiaŋ²¹ dʑiɯ¹³ diɛ̃²²
　　　　　　　　　　　　　　　lei²¹ tʰəŋ³³ lɔʔ² suə⁴⁵ ；

望小姨，小姨楼上绲鞋底；　　mɔŋ²¹ ɕiɐɯ³³ i²²¹ ，ɕiɐɯ³³ i²² ləɯ²² dʑiaŋ²¹
　　　　　　　　　　　　　　　tɕʰiɛʔ⁵ a¹³ tiɛ⁵³³ ；

靶⁼得落来唉哟哟，唉哟哟！　　pɒ⁵³ tiʔ⁰ lɔʔ²³ lei²² ei⁰ iu⁰ iu⁰ ，ei⁰ iu⁰ iu⁰ ！

（2016 年 8 月 2 日，遂昌，发音人：应瑛）

蚁蚁

蚁蚁蚁大哥，　　　　　　　　ŋa⁵⁵ ŋa²² ŋa⁵⁵ dəɯ²¹ ku⁴⁵ ，

大哥背秤锤，　　　　　　　　dəɯ²¹ ku⁴⁵ pei³³ tɕʰiŋ³³ dʑy²²¹ ，

小哥背肉卖；　　　　　　　　ɕiɐɯ³³ ku⁴⁵ pei³³ ȵiuʔ⁵ ma²¹³ ；

哎哟喂，哎哟喂，　　　　　　ei⁵ iu³³ uei⁰ ，ei⁵ iu³³ uei⁰ ，

哎哟哎哟哎哟喂；　　　　　　ei⁵ iu³³ ei⁵ iu³³ ei⁵ iu³³ uei⁰ ；

拨⁼哪西，拨⁼哪西，　　　　　pɛʔ⁵ na²¹ ɕiɛ³³⁴ ，pɛʔ⁵ na²¹ ɕiɛ³³⁴ ，

拨⁼西拨⁼西拨⁼哪西？　　　　pɛʔ⁵ ɕiɛ³³ pɛʔ⁵ ɕiɛ³³ pɛʔ⁵ na²¹ ɕiɛ³³⁴ ？

蜂叮去，爬上来，　　　　　　fəŋ⁴⁵ tiŋ⁴⁵ kʰɤ⁰ ，bɒ²² dʑiaŋ¹³ lei²²¹ ，

快些快些爬上来。　　　　　　kʰua³³ sɛʔ⁵ kʰua³³ sɛʔ⁵ bɒ²² dʑiaŋ¹³ lei²²¹ 。

雪花飘飘，　　　　　　　　　ɕyɛʔ³ xɒ⁴⁵ pʰiɐɯ⁴⁵ pʰiɐɯ⁰ ，

外婆炊糕；　　　　　　　　　ua²² bu²¹ tɕʰy³³ kɐɯ⁴⁵ ；

雪花浓浓，　　　　　　　　　ɕyɛʔ³ xɒ⁴⁵ ɲiɔŋ²² ɲiɔŋ⁰ ，

外公煎糖。　　　　　　　　　ua²² kəŋ⁴⁵ tɕiɛ̃³³ dɔŋ²²¹ 。

（2016 年 8 月 2 日，遂昌，发音人：应瑛）

天皇皇

天皇皇，地皇皇，　　　　　　tʰiɛ̃⁴⁵ ɔŋ²² ɔŋ²¹³ ，di¹³ ɔŋ²² ɔŋ²¹³ ，

处里有个叫毛头。　　　　　　tɕʰyɛ³³ lei⁴⁵ uɔʔ²³ kei⁰ iɐɯ³³ mɐɯ²² dei²¹³ 。

过路君子念一遍，　　　　　　ku³³ luə²¹ tɕyŋ³³ tsɤ⁵³ ɲiɛ̃²¹ iʔ⁵ piɛ̃³³⁴ ，

保佑我儿一瘟到天光。　　　　pɐɯ⁵⁵ iɯ²¹ ŋɒ¹³ ɲiɛ²² iʔ³ xuɤʔ⁵ tɐɯ³³ tʰiɛ̃³³

　　　　　　　　　　　　　　kɒŋ⁴⁵ 。

（2016 年 7 月 29 日，遂昌，发音人：郭雄飞）

三月三

三月三，四月八，　　　　　　saŋ⁴⁵ ɲyɛʔ² saŋ⁴⁵ ，sʅ³³ ɲyɛʔ² paʔ⁵ ，

城隍庙里拜菩萨。　　　　　　ʑiŋ¹³ ɔŋ²² miɐɯ²¹ lei¹³ pa³³ bu²¹ saʔ⁵ 。

大麦粉，满面擦，　　　　　　du²² miaʔ²³ fəŋ⁵³³ ，mɛ̃²² miɛ̃²¹ tsʰaʔ⁵ ，

油菜花儿满头插。　　　　　　iɯ²² tsʰei³³ xɒ⁵⁵ ɲiɛ²¹ mɛ̃¹³ du²² tsʰaʔ⁵ 。

红鞋儿，绿鞋拔，　　　　　　əŋ¹³ a²² ɲiɛ²¹³ ，liɔʔ²³ a²¹ baʔ²³ ，

走三步，拔一拔。　　　　　　tsu⁵³ saŋ⁴⁵ buə²¹³ ，baʔ²³ iʔ⁰ baʔ²³ 。

走到岭背一塌⁼刮⁼，　　　　　tsu⁵³ tɐɯ³³ liŋ¹³ pei³³ iʔ⁵ tʰaʔ³ kuaʔ⁵ ，

刮⁼得个大腿火辣辣，　　　　kuaʔ⁵ tiʔ⁰ kɛ⁰ du¹³ tʰei⁵³ xu⁵³ laʔ² laʔ²³ ，

和尚望着笑哈哈。　　　　　　u²² ʑiaŋ²¹ mɔŋ²¹ dɛʔ²³ tɕʰiɐɯ³³ xaʔ⁵ xaʔ⁰ 。

（2016 年 7 月 29 日，遂昌，发音人：郭雄飞）

雪花飘飘

雪花飘飘，	ɕyɛʔ³ xɐ⁴⁵ pʰiɐɯ³³ pʰiɐɯ⁴⁵，
大势炊糕；	da²² ɕie³³ tɕʰy³³ kɐɯ⁴⁵；
雪花浓浓，	ɕyɛʔ³ xɐ⁴⁵ n̠iɔŋ²² n̠iɔŋ²¹³，
大势煎糖；	da²² ɕie³³ tɕiɛ̃⁵⁵ dɔŋ²¹³；
雪花满大路，	ɕyɛʔ³ xɐ⁴⁵ mɛ̃¹³ du²² luə²¹³，
大势做豆腐；	da²² ɕie³³ tsu³³ du²² vuə²¹³；
雪花满田，	ɕyɛʔ³ xɐ⁴⁵ mɛ̃¹³ diɛ̃²²¹，
大势过年。	da²² ɕie³³ ku³³ n̠iɛ̃²²¹。

（2016 年 7 月 29 日，遂昌，发音人：郭雄飞）

金　槟

石榴讴金槟，	ziʔ²³ liɯ²² ɐɯ⁴⁵ tɕiŋ³³ piaŋ⁴⁵，
种金槟，哐金槟，	iɔŋ⁴⁵ tɕiŋ³³ piaŋ⁴⁵，tiɛʔ⁵ tɕiŋ³³ piaŋ⁴⁵，
门坛弗乐种金槟，	məŋ²² daŋ²¹ fəɯʔ⁵ ŋɐɯ²¹ iɔŋ³³ tɕiŋ³³ piaŋ⁴⁵，
金槟哐了日子紧绷绷。	tɕiŋ³³ piaŋ⁴⁵ tiɛʔ⁵ lə⁰ nɐʔ²³ tsɤ⁵³ tɕiŋ⁵³ piaŋ³³ piaŋ⁴⁵。

（2016 年 7 月 29 日，遂昌，发音人：郭雄飞）

二、谚　语

农业谚语

1. 七月姜，八月芋，九月挖番薯。

tɕʰiʔ^{5} ȵyɛʔ^{2} tɕiaŋ^{45}，paʔ^{5} ȵyɛʔ^{5} yɛ^{213}，tɕiɯ^{53} ȵyɛʔ^{23} uɒ^{45} faŋ^{55} dʑiɛ^{213}。

2. 秧田林乐清，种田林乐浑。

ɛ̃^{55} diɛ̃^{21} y^{55} ŋɐɯ^{21} tɕʰiŋ^{45}，iɔŋ^{33} diɛ̃^{22} y^{55} ŋɐɯ^{21} uɛ̃^{221}。

气象谚语

1. 清明断雪，谷雨断霜。

tɕʰiŋ^{55} miŋ^{21} dəŋ^{21} ɕyɛʔ^{5}，kəɯʔ^{5} yɛ^{13} dəŋ^{21} ɕiɔŋ^{45}。

2. 爽利冬至邋遢年，邋遢冬至爽利年。

ɕiɔŋ^{55} li^{21} təŋ^{55} tsɿ^{33} laʔ^{2} tʰaʔ^{5} ȵiɛ̃^{221}，laʔ^{2} tʰaʔ^{5} təŋ^{55} tsɿ^{33} ɕiɔŋ^{55} li^{21} ȵiɛ̃^{221}。

3. 天光日头探一探，一日雨涟涟。

tʰiɛ̃^{33} kɔŋ^{45} nɛʔ^{23} dəɯ^{22} tʰɛ̃^{33} iʔ^{5} tʰɛ̃^{334}，iʔ^{5} nɛʔ^{23} yɛ^{21} liɛ̃^{22} liɛ̃^{221}。

4. 月生毛，雨坐牢；蚁布桥，大林到。

ȵyɛʔ^{23} ɕiaŋ^{55} mɐɯ^{213}，yɛ^{13} zu^{13} lɐɯ^{221}；ŋa^{13} puə^{33} dʑiɐɯ^{221}，du^{13} y^{53} tɐɯ^{334}。

5. 正月出螟虫，二月冻死农。

tɕiŋ^{45} ȵyɛʔ^{2} tɕʰyɛʔ^{3} miŋ^{22} dʑiɔŋ^{213}，ȵi^{21} ȵyɛʔ^{23} təŋ^{33} sɤ^{53} nəŋ^{221}。

生活谚语

1. 百样行当百样难，讨饭容易躐犬难。

piaʔ^{5} iaŋ^{21} ɔŋ^{22} tɔŋ^{33} piaʔ^{5} iaŋ^{21} naŋ^{221}，tʰuə^{55} vaŋ^{21} iɔŋ^{22} iɛ^{21} liɛʔ^{23} tɕʰiɛ̃^{53} naŋ^{221}。

2. 当面咥你酒，背后出你丑。

toŋ⁵⁵ miɛ̃²¹ tiɛʔ⁵ ȵiɛ²¹ tɕiɯ⁵³³，pei⁵⁵ u²¹ tɕʰyɛʔ⁵ ȵiɛ²¹ tɕʰiɯ⁵³³。

3. 冬哐菜头夏哐姜，弗乐先生开药方。

təŋ⁴⁵ tiɛʔ⁵ tsʰei³³ dəɯ²² ɒ²¹ tiɛʔ³ tɕiaŋ⁴⁵，fəɯʔ⁵ ŋɯaŋ²¹ ɕiɛ̃³³ ɕiaŋ⁴⁵ kʰei⁴⁵ iaʔ² fɔŋ⁴⁵。

4. 弗惊当面呸，就惊后面鬼。

fəɯʔ⁵ kuaŋ⁴⁵ tɔŋ⁵⁵ miɛ̃²¹ pʰei⁴⁵，ʑiɯ²¹ kuaŋ⁴⁵ u²² miɛ̃²¹ kuei⁵³³。

5. 害农一千，自损八百。

ei¹³ nəŋ²² iʔ⁵ tɕʰiɛ̃³³⁴，ʐ̩²¹ sɛ̃⁵³ paʔ⁵ piaʔ⁰。

6. 睏到床上千条路，天光挖＝起走老路。

kʰəŋ³³ tɐɯ⁴⁵ zɛ̃²² dʑiaŋ²¹ tɕʰiɛ̃⁴⁵ diɐɯ²² luə²¹³，tʰiɛ̃³³ kɔŋ⁴⁵ uaʔ⁵ tɕʰi⁰ tsu⁵³ lɐɯ²² luə²¹³。

7. 篮里拣花，越拣越差。

laŋ²² lei²¹ kaŋ⁵³ xɒ⁴⁵，yɛʔ²³ kaŋ⁵³ yɛʔ² tsʰɒ⁴⁵。

8. 农多好种田，农少好过年。

nəŋ²² tu⁴⁵ xɐɯ⁵³ iɔŋ³³ diɛ̃²²¹，nəŋ²² tɕiɐɯ⁵³ xɐɯ⁵³ ku³³ ȵiɛ̃²²¹。

9. 农惊伤心，树惊剥皮。

nəŋ²² kuaŋ⁴⁵ ɕiaŋ³³ ɕiŋ⁴⁵，dʑiɯ²¹ kuaŋ⁴⁵ pɔʔ⁵ bi²²¹。

10. 农情一把锯，拖来又拖去。

nəŋ²² ʑiŋ²¹ iʔ³ pu⁵³ kɤ³³⁴，tʰa⁴⁵ lei²² iɯ¹³ tʰa⁵³ kʰɤ³³⁴。

11. 农穷弗乐攀亲，攀亲哐农精。

nəŋ²² dʑiɔŋ²² fəɯʔ⁵ ŋɯaŋ²¹ pʰɛ̃³³ tɕʰiŋ⁴⁵，pʰɛ̃³³ tɕʰiŋ⁴⁵ tiɛʔ⁵ nəŋ²¹ tɕiŋ⁴⁵。

12. 牵牛牵鼻头，扑蛇扑三寸。

tɕʰiɛ̃⁴⁵ ȵiɯ²² tɕʰiɛ̃³³ biʔ²³ du²²¹，pʰɔʔ⁵ ʑiɒ²² pʰɔʔ⁵ saŋ⁴⁵ tsʰɛ̃⁰。

13. 七十弗留宿，八十弗留饭。

tɕʰiʔ⁵ ʑyɛʔ² fəɯʔ⁵ liɯ²¹ ɕiɔʔ⁵，paʔ⁵ ʑyɛʔ² fəɯʔ⁵ liɯ²² vaŋ²¹³。

14. 浸铁难打，老竹难弯。

tsʰəŋ³³ tʰiɛʔ⁵ naŋ²¹ tiaŋ⁵³³，lɐɯ²¹ tiuʔ⁵ naŋ²¹ uaŋ⁴⁵。

15. 日间弗议农，黄昏弗议鬼。

nɛʔ²³ kaŋ³³ fəɯʔ⁵ ȵi²¹ nəŋ²²¹ , ɔŋ²¹ xuɛ̃⁴⁵ fəɯʔ⁵ ȵi²¹ kuei⁵³³ 。

16. 三分农貌七分扮，麻面扮起像花旦。

saŋ⁴⁵ fəŋ³³ nəŋ²² mɐɯ²¹ tɕʰiʔ⁵ fəŋ³³ paŋ³³⁴ , mɒ²² miɛ̃²¹ paŋ³³ tɕʰi⁰ dziaŋ²¹ xɒ⁵⁵ taŋ³³⁴ 。

17. 三日新时四日厌，五日腊火烟。

saŋ⁴⁵ nɛʔ⁵ ɕiŋ⁵⁵ zɿ²¹ sɿ³³ nɛʔ⁵ iɛ̃³³⁴ , ŋuə¹³ nɛʔ⁵ laʔ² xu⁵⁵ iɛ̃³³⁴ 。

18. 上梁弗正下梁歪，下梁歪了出妖怪。

dziaŋ²¹ liaŋ²² fəɯʔ⁵ tɕiŋ³³ iɒ²¹ liaŋ²² ua⁴⁵ , iɒ²¹ liaŋ²² ua⁴⁵ lə⁰ tɕʰ yɛʔ³ iɐɯ⁵⁵ kua³³⁴ 。

19. 舌头无骨由农转。

dʑiɛʔ²³ dəɯ²² muə²¹ kuɛʔ⁵ iɯ²² nəŋ²¹ tyɛ̃⁵³³ 。

20. 天上雷公大，地下舅公大。

tʰiɛ̃⁴⁵ dziaŋ²² lei²² kəŋ⁴⁵ dəɯ²¹³ , di²¹ iɒ¹³ dʑiɯ²² kəŋ⁴⁵ dəɯ²¹³ 。

21. 相争无好言，打架无好拳。

ɕiaŋ³³ tɕiaŋ⁴⁵ muə²² xɐɯ⁵³ iɛ̃²²¹ , tiaŋ⁵³ kɒ³³ muə²² xɐɯ⁵³ dʑyɛ̃²²¹ 。

22. 一分钿一分货，便宜无好货。

iʔ⁵ fəŋ³³ diɛ̃²² iʔ³ fəŋ⁵⁵ xu³³⁴ , biɛ̃²² i²¹ muə²² xɐɯ⁵⁵ xu³³⁴ 。

23. 一粒老鼠涴，害了一镬粥。

iʔ³ lɛʔ⁵ lɐɯ¹³ tɕʰiɛ⁵³ u³³⁴ , ei²¹ lə⁰ iʔ⁵ ɔʔ²³ tɕiuʔ⁵ 。

24. 一农落枞，千农漏尿。

iʔ⁵ nəŋ²² ləʔ²³ y⁵³³ , tɕʰiɛ̃⁴⁵ nəŋ²² lu²¹ ɕy⁴⁵ 。

25. 做官笔头划一划，百姓眼睛做翻白。

tsu³³ kuɛ̃⁴⁵ piʔ⁵ du²² yaʔ²³ iʔ⁵ yaʔ²³ , piaʔ⁵ ɕiŋ³³ ŋaŋ²² tɕiŋ⁴⁵ tsu³³ faŋ⁵³ biaʔ²³ 。

（2016 年 7 月 29 日，遂昌，发音人：郭雄飞、应瑛）

三、谜 语

白簸头，拘＝乌豆，拘＝：装 biaʔ² pɛʔ⁵ dəɯ²²¹，tɕye⁴⁵ uə⁵⁵ dəɯ²¹³，

拘＝着满街漏。 tɕye⁴⁵ dɛʔ² mɛ̃²² ka⁴⁵ ləɯ²¹³。

大势猜猜察， da²² ɕiɛ³³ tsʰei⁴⁵ tsʰei⁰ tsʰɛʔ⁰，

乙＝个谜语唻是乐猜一个字。 iʔ⁵ kei⁰ mi²² ye¹³ lɛ⁰ ʑiʔ⁵ ŋɐɯ²¹ tsʰei⁴⁵ iʔ⁵ kei³³ zɤ²¹³。

你些农猜出来了糌啊？ ȵiɛ¹³ sɛʔ⁰ nəŋ²² tsʰei⁴⁵ tɕʰyɛʔ⁰ lei⁰ lə⁰ vɛ̃²² a⁰？

我报你些农谜底， ŋɒ²¹ pɐɯ³³ ȵiɛ⁴⁵ sɛʔ⁰ nəŋ²² mi²² tiɛ⁵³³，

就是"羊"， ʑiɯ²¹ ʑiʔ²³ "iaŋ²²¹"，

"山羊"个"羊"字。 "saŋ⁴⁵ iaŋ²²"kɛ⁰"iaŋ²²"zɤ²¹³。

（2016 年 8 月 2 日，遂昌，发音人：应瑛）

一个猪槽两头通， iʔ⁵ kei³³ tɒ⁵⁵ zɐɯ²¹ lɛ̃²¹ dəɯ²² tʰəŋ⁴⁵，

六个小猪儿咥猪汾＝，汾：泔水 ləɯʔ²³ kei³³ ɕiɐɯ³³ tɒ⁵⁵ ȵiɐɯ²¹ tiɛʔ⁵ tɒ³³ fəŋ⁴⁵，

乐问价格有几多， ŋɐɯ²¹ məŋ²¹ kɒ³³ kaʔ⁵ uɔʔ²³ kei⁵³ təɯ⁴⁵，

问我上处个四叔公。 məŋ²¹ ŋɒ¹³ dʑiaŋ²² tɕʰyɛ³³ kɛ⁰ sʅ³³ ɕiuʔ⁵ kəŋ⁴⁵。

乙＝个谜语唻亦是猜一个字。 iʔ⁵ kei⁰ mi²² ye¹³ lɛ⁰ iaʔ² ʑiʔ⁵ tsʰei⁴⁵ iʔ⁵ kei³³ zɤ²¹³。

大势猜出来了糌啊？ da²² ɕiɛ³³ tsʰei⁴⁵ tɕʰyɛʔ⁰ lei⁰ lə⁰ vɛ̃²² a⁰？

就是"罪"， ʑiɯ²¹ ʑiʔ²³ "zei¹³"，

"犯罪"个"罪"。 "vaŋ²¹ zei¹³"kɛ⁰"zei¹³"。

（2016 年 8 月 2 日，遂昌，发音人：应瑛）

四、吆　喝

买西瓜，买西瓜！　　　　　　　　ma¹³ɕiɛ³³kɒ⁴⁵，ma¹³ɕiɛ³³kɒ⁴⁵！

西瓜两块半一斤！　　　　　　　　ɕiɛ³³kɒ⁴⁵lɛ̃¹³kʰuei⁵⁵pɛ̃³³iʔ⁵tɕiŋ³³⁴！

新新鲜鲜个！　　　　　　　　　　ɕiŋ³³ɕiŋ⁵⁵ɕiɛ³³ɕiɛ⁴⁵kɛ⁰！

好咥险个！呵呵！　　　　　　　　xɐu⁵³tiɛʔ⁵ɕiɛ̃⁵³kɛ⁰！ xə⁰xə⁰！

甜险甜险个！　　　　　　　　　　diɛ̃²²ɕiɛ̃⁵³diɛ̃²²ɕiɛ̃⁵³kɛ⁰！

多买滴＝儿，你些农！呵呵！　　　tu⁴⁵ma¹³tiʔ⁵n̠iɛ⁰，n̠iɛ¹³seʔ⁰nəŋ⁰！ xə⁰xə⁰！

（2016 年 8 月 2 日，遂昌，发音人：路人甲）

五、故　事

（一）牛郎和织女

霉＝日儿有个后生儿，渠个爷娘唻早险就死了，罪过险，处里益＝有一条牛对渠两农，所以唻大势就讴渠牛郎。

mei²²nɛʔ²³n̠iɛ²²uɔʔ²³kei³³u²¹ɕiaŋ⁵⁵n̠iɛ²¹³，gɤ²²kɔ⁰iu²²n̠iaŋ²¹lɛ⁰tsɐu⁵³ ɕiɛ⁵³ziɯ²¹ʂɤ⁵³lə⁰，zei²²ku³³ɕiɛ̃⁵³³，tɕʰʯɛ³³lei⁴⁵iʔ⁵uɔʔ⁵iʔ⁵diɐu²²n̠iɯ²²tɛʔ³ gɤ²²n̠ɛ̃¹³nəŋ⁰，su⁵⁵i²²lɛ⁰da²²ɕiɛ³³ziɯ²¹ɐu⁴⁵gɤ²¹n̠iɯ²²lɔŋ²¹³。

从前有一个年轻人，他的父母很早就死了，很可怜，家里只有一头牛跟他两个，所以大家就叫他牛郎。

牛郎对老牛两农相依为命，靠种田过生活。事实渠处里个乙＝个老牛唻实际是天上个金牛星。金牛星望牛郎农又本分，又老实，又勤力，就忖帮渠讲个老婆乞渠成个家。

n̠iɯ²² lɔŋ²¹ tɛʔ³ lɐɯ¹³ n̠iɯ²² nɛ̃¹³ nəŋ²² ɕiaŋ³³ i⁴⁵ uei²² miŋ²¹³ , kʰɐɯ³³ iɔŋ³³ diɛ̃²² ku⁵⁵ ɕiaŋ³³ uaʔ²³ 。 zuə²¹ ziʔ²³ gɤ²² tɕʰ ye³³ lei⁴⁵ kɛ⁰ iʔ⁵ kei⁰ lɐɯ¹³ n̠iɯ²² lɛ⁰ ʑiʔ²³ tɕiɛ³³ ʑiʔ²³ tʰiɛ̃⁴⁵ dʑiaŋ⁰ kɛ⁰ tɕiŋ⁵⁵ n̠iɯ²¹ ɕiŋ⁴⁵ 。 tɕiŋ⁵⁵ n̠iɯ²¹ ɕiŋ⁴⁵ mɔŋ²¹ n̠iɯ²² lɔŋ²¹ nəŋ²² iɯ¹³ pɛ̃⁵⁵ vəŋ²¹ , iɯ¹³ lɐɯ²² ziʔ²³ , iɯ¹³ dʑiŋ²¹ liʔ²³ , ʑiɯ²¹ tsʰɛ̃⁵³ pəɯʔ⁵ gɤ²² kɔŋ⁵³ kei³³ lɐɯ¹³ bu²² kʰaʔ⁵ gɤ²² ʑiŋ²¹ kei³³ kɒ⁴⁵ 。

牛郎跟老牛相依为命，靠种田过生活。其实他家里的这头老牛是天上的金牛星。金牛星看牛郎为人本分、老实、勤快，就想帮他娶个老婆成个家。

话讲渠乙=个村坊东面个山脚下啊有个大险个栎塘，大势经常会到赫=盪=去洗浴个。有一日，金牛星听讲天上个仙女都乐拼起到赫=盪=去洗浴，渠就托梦乞牛郎，报渠讲第二日天光早一定乐赶着赫=个栎窟塘去，到赫=盪=唻随便撮件哪个仙女个衣裳来，再是乐尽快跳归处，头都无法转个。

u²¹ kɔŋ⁵³ gɤ²² iʔ⁵ kei⁰ tsʰɛ̃³³ fɔŋ⁴⁵ təŋ⁴⁵ miɛ̃²¹ kɛ⁰ saŋ³³ tɕiaʔ⁵ iŋ¹³ a⁰ uɔʔ²³ kei³³ dəɯ²¹ ɕiɛ̃⁵³ kɛ⁰ y⁵³ dɒŋ²²¹ , da²² ɕiɛ³³ tɕiŋ³³ dʑiaŋ²² uei²¹ tɐɯ³³ xaʔ⁵ dɒŋ¹³ kʰ ɤ³³ ɕiɛ⁵³ iuʔ²³ kɛ⁰ 。 uɔʔ²³ iʔ⁵ nɛʔ²³ , tɕiŋ⁵⁵ n̠iɯ²¹ ɕiŋ⁴⁵ tʰiŋ³³ kɔŋ⁵³ tʰiɛ̃⁴⁵ dʑiaŋ⁰ kɛ⁰ ɕiɛ̃³³ n̠yɛ¹³ təɯʔ⁵ ŋɐɯ²¹ pʰiŋ⁴⁵ tɕʰi⁰ tɐɯ³³ xaʔ⁵ dɒŋ¹³ kʰ ɤ³³ ɕiɛ⁵³ iuʔ²³ , gɤ²² ʑiɯ²¹ tʰɔʔ⁵ məŋ²¹ kʰaʔ⁵ n̠iɯ²² lɔŋ²²¹ , pɐɯ³³ gɤ⁴⁵ kɔŋ⁵³ diɛ²² n̠i²¹ nɛʔ²³ tʰiɛ̃³³ kɔŋ⁴⁵ tsɐɯ⁵³ iʔ⁵ diŋ²² ŋɐɯ²¹ kuɛ̃⁵³ dɛʔ⁰ xaʔ⁵ kei³³ y⁵³ kʰɔʔ⁵ dɒŋ²² kʰ ɤ³³⁴ , tɐɯ³³ xaʔ⁵ dɒŋ¹³ lɛ⁰ ẕy²² bi ɛ̃²¹ tsʰəɯʔ⁵ dʑi ɛ̃²¹ na¹³ kei⁰ ɕi ɛ̃³³ n̠yɛ¹³ kɛ⁰ i⁵⁵ ʑiaŋ²¹ lei¹³ , tsei⁴⁵ ziʔ²³ ŋɐɯ²¹ zəŋ¹³ kʰua³³ tʰiɐɯ³³ kuei⁵⁵ tɕʰ yɛ³³⁴ , dəɯ²² təɯʔ⁵ muə²¹ faʔ⁵ tyɛ̃⁵³ kɛ⁰ 。

话说这个村东面的山脚下有一个很大的水塘，大家经常会到那里去洗澡。有一天，金牛星听说天上的仙女要一起到那里洗澡，他就托梦给牛郎，告诉他第二天早晨一定要赶到那个水塘，到那里随便捡上一件仙女的衣服，然后赶快头也别回地跑回家。

　　牛郎做了乙˭个梦，亦弗识着真个假个，但是渠还是忖去试试察。第二日天光早唻牛郎早险就躐着了赫˭个浺塘，真个躲雾露洞˭内底啊望着了好几个仙女躲赫˭瀶洗浴。牛郎个农唻老实险个，渠啊望都弗敢望，随便拖了件粉红儿个衣裳唻就望处里逃。原来赫˭件衣裳唻是织女个衣裳。当日个黄昏唻织女就到了牛郎个处里，对牛郎做了公婆。

　　n̠iɯ²² lɔŋ²² tsɐɯ³³ lə⁰ iʔ⁵ kei³³ məŋ²¹³ , iaʔ²³ fəɯʔ³ tɕiʔ⁵ dɛʔ⁰ tɕiŋ⁴⁵ kɛ⁰ kɒ⁵³ kɛ⁰ , daŋ²¹ ziʔ²³ gɤ²² aʔ⁵ ziʔ²³ tsʰɛ̃⁵³ kʰɤ³³ ɕiu³³ ɕiu⁴⁵ tsʰɛʔ⁰ 。 die²² n̠i²¹ nɛʔ²³ tʰiɛ̃³³ kɒŋ⁴⁵ tsɐɯ⁵³ lɛ⁰ n̠iɯ²² lɔŋ²² tsɯɯ⁵³ ɕiɛ̃⁵³ ʑiɯ²¹ liɛʔ²³ dɛʔ⁰ lə⁰ xaʔ⁵ kei³³ y⁵³ dɔŋ²²¹ , tɕiŋ⁴⁵ kɛ⁰ tiu³³ mɯɐ²² luɐ²² dəŋ²¹ nei¹³ tiɛ⁵³ a⁰ mɔŋ²¹ dɛʔ²³ lə⁰ xɐɯ³³ kei⁵³ kei³³ ɕiɛ̃⁵³ n̠yɛ¹³ tiu⁴⁵ xaʔ³ dɒŋ⁰ ɕiɛ⁵³ iuʔ²³ 。 n̠iɯ²² lɔŋ²¹ kɛ⁰ nəŋ²² lɛ⁰ lɐɯ¹² ʑiʔ²³ ɕiɛ̃⁵³ kɛ⁰ , gɤ²² a⁰ mɔŋ²¹ təɯʔ⁵ fəɯʔ³ kɛ̃⁵³ mɔŋ²¹³ , zy²² biɛ̃²¹ tʰa³³ lə⁰ dʑiɛ̃²¹ fəŋ³³ əŋ²² n̠iɛ²¹ kɛ⁰ i⁵⁵ ʑiaŋ²¹ lɛ⁰ ʑiɯ²² mɔŋ²¹ tɕʰyɛ³³ lei⁴⁵ dɐɯ²²¹ 。 yɛ̃²² lei²² xaʔ⁵ dʑiɛ̃²¹ i⁵⁵ ʑiaŋ²¹ lɛ⁰ ʑiʔ²³ tɕiʔ⁵ n̠yɛ¹³ kɛ⁰ i⁵⁵ ʑiaŋ²¹³ 。 tɔŋ⁵³ nɛʔ²³ kɛ⁰ ɔŋ²¹ xuɛ̃⁴⁵ lə⁰ tɕiʔ⁵ n̠yɛ¹³ ʑiu²¹ tɐɯ³³ lə⁰ n̠iɯ²² lɔŋ²¹ kɛ⁰ tɕʰyɛ³³ lei⁴⁵ , tɛʔ⁵ n̠iɯ²² lɔŋ²¹ tsɐɯ³³ lə⁰ kəŋ⁵⁵ bu²¹³

　　牛郎做了这个梦，也不知是真是假，但是他还是想去试一试。第二天早晨牛郎很早就赶到了那个水塘，透过浓雾他真的看到有好几个仙女在那里洗澡。牛郎这个人很老实，他看都不敢看，随便拿了件粉红色的衣服就往家里逃。原来那件就是织女的衣服。当天晚上织女就来到了牛郎的家里，跟牛郎做了夫妻。

　　三年过去了，牛郎对织女生了一个儿、一个囡儿，生活过得幸福险。但是乙˭个道路乞天上个玉皇大帝识着了，渠就派农来搭织女。有一日，风大险雨亦大险，天墨乌个，突然织女就无了。两个小个寻弗着老娘哇哇叫去，牛郎唻亦急得个无办法。

　　saŋ⁴⁵ n̠iɛ̃²² ku⁵⁵ kʰɤ³³ lə⁰ , n̠iɯ²² lɔŋ²¹ tɛʔ³ tɕiʔ⁵ n̠yɛ¹³ ɕiaŋ⁴⁵ lə⁰¹ iʔ⁵ kei³³ ȵiɛ²²¹ 、iʔ⁵ kei³³ na¹³ ȵiɛ²²¹ ,ɕiaŋ³³ uaʔ²³ ku³³ tiʔ⁰ ziŋ²¹ fəuʔ⁵ ɕiɛ̃⁰ 。 daŋ²¹ ziʔ²³ iʔ⁵ kei⁰ dɐu²² luə²¹ kʰaʔ³ tʰiɛ̃⁴⁵ dziaŋ⁰ kɛ⁰ ȵiɔʔ²³ ɔŋ²² dɒ¹³ tiɛ³³ tɕiʔ⁵ dɛʔ⁰ lɛ⁰ ,gɤ²² ziɯ²¹ pʰa³³ nəŋ²² lei²² kʰɒ³³ tɕiʔ⁵ ȵyɛ¹³ 。 uɔʔ² iʔ⁵ nɛʔ²³ ,fəŋ⁴⁵ dɐu²¹ ɕiɛ̃⁵³ yɛ¹³ iaʔ²³ dɐu²¹ ɕiɛ̃⁵³³ ,tʰiɛ̃³³ mɛʔ²³ uɔ³³ kɛ⁰ ,dəuʔ²³ zyɛ̃²² tɕiʔ⁵ ȵyɛ¹³ ziɯ²¹ muə²² lɛ⁰ 。 nɛ̃¹³ kei³³ ɕiɐu⁵³ kɛ⁰ zəŋ²² fəuʔ⁵ dɛʔ⁰ lɐu¹³ ȵiaŋ²² ua²¹ ua¹³ iɐu³³ kʰɤ⁴⁵ ,ȵiɯ²² lɔŋ²² lɛ⁰ iaʔ²³ tɕiʔ⁵ tiʔ⁰ kɛ⁰ muə²² baŋ²¹ faʔ⁵ 。

转眼三年过去了,牛郎跟织女生了一个儿子和一个女儿,生活过得很幸福。但是这件事情被天上的玉皇大帝知道了,他就派人来抓织女。有一天,风很大雨也很大,天一片漆黑,突然织女就不见了。两个孩子找不到妈妈就哇哇大哭,牛郎也急得没办法。

　　老牛望弗落去了,渠开口讲话了。渠对牛郎讲:"牛郎你弗乐急,你帮我头上个两个角褪去,渠就会变成箩簏个。你帮小个拘＝着箩簏内底,就可以飞着天上去寻织女。"牛郎望着老牛都讲话了更呆着赫＝盈＝罢。

lɐu¹³ ȵiɯ²² mɔŋ²¹ fəuʔ³ lɔʔ²³ kʰɤ³³ lə⁰ ,gɤ²² kʰei³³ kʰu⁵³ kɔŋ⁵⁵ u²¹ lə⁰ 。 gɤ²² tei³³ ȵiɯ²² lɔŋ²² kɔŋ⁵³³ :"ȵiɯ²² lɔŋ²² ȵiɛ¹³ fəuʔ⁵ ŋɐu²¹ tɕiʔ⁵ ,ȵiɛ¹³ pɔŋ⁴⁵ ŋɒ²² dəu²² dziaŋ²¹ kɛ⁰ nɛ̃¹³ kei³³ kɔʔ⁵ tʰəŋ³³ kʰɤ⁴⁵ ,gɤ²² ziɯ²¹ uei¹³ piɛ̃³³ ziŋ³³ la²² iɛ³³ kɛ⁰ 。 ȵiɛ²¹ pɔŋ³³ ɕiɐu⁵³ kɛ⁰ tɕyɛ³³ dɛʔ²³ la²² iɛ³³ nei¹³ tiɛ⁵³³ ,ziɯ²¹ kʰu⁵³ i³³ fi⁴⁵ dɛʔ⁰ tʰiɛ̃⁴⁵ dziaŋ⁰ kʰɤ³³ zəŋ²² tɕiʔ⁵ ȵyɛ¹³ 。"ȵiɯ²² lɔŋ²² mɔŋ²¹ dɛʔ²³ lɐu¹³ ȵiɯ²² təuʔ³ kɔŋ⁵⁵ u²¹ lə⁰ kaŋ⁴⁵ ŋei²² dɛʔ⁰ xaʔ⁵ dɒŋ⁰ ba⁰ 。

　　老牛看不下去,就开口说话了。他对牛郎说:"牛郎你别着急,你把我头上的两个角拿下来,它们就会变成箩筐。你把小孩儿装进箩筐里,就可以飞到天上去寻找织女。"牛郎看见老牛都会说话,更是呆在了那里。

乙＝个时间唻两个牛角唻就自家靶＝落来了，靶＝落来以后啊真个变成了两个箩簍。牛郎连慌帮两个小个放到箩簍内底担搁起，就感觉生了两个尾息＝样，人便轻飘飘去就飞着天上去了。

i？⁵kei⁰zʅ²¹kaŋ³³lɛ⁰nɛ̃¹³kei⁰ȵiɯ²¹kɒ？⁵lɛ⁰ʑiu²¹zyʔ²³kɒ³³pɒ⁵³lɔʔ²³lei²² lə⁰，pɒ⁵³lɔʔ²³lei²²i²²u¹³a⁰tɕiŋ⁴⁵kɛ⁰piɛ̃³³ʑiŋ²²lə⁰nɛ̃¹³kei³³la²²iɛ³³⁴。ȵiɯ²² lɔŋ²²liɛ̃²²xɔŋ⁴⁵pɔŋ³³nɛ̃¹³kei³³ɕiɐɯ⁵³kɛ⁰fɔŋ³³tɐɯ⁴⁵la²²iɛ³³nei¹³tiɛ⁵³taŋ³³gɤʔ²³ tɕʰi⁰，ʑiu²¹kɛ̃⁵³kɔʔ³ɕiaŋ⁴⁵lə⁰nɛ̃¹³kei⁰mi？ɕi？⁵iaŋ⁰，nəŋ²²bɛʔ²tɕʰiŋ⁴⁵pʰiɐɯ⁵³ pʰiɐɯ⁰kʰɤ⁰ʑiu²¹fi⁴⁵dɛʔ²tʰiɛ̃⁴⁵dʑiaŋ⁰kʰɤ⁰lə⁰。

这个时候两只牛角就自己掉了下来，掉下来以后真的变成了两个箩筐。牛郎连忙把两个小孩儿装进箩筐里用扁担挑起来，就感觉像是长了两只翅膀一样，人就轻飘飘地飞到天上去了。

牛郎躐去躐去，总算快乞渠躐着织女罢，好着弗着，天上个皇母娘娘又发现了。皇母娘娘从头上约落来一根金钗，煞煞心心躲牛郎对织女个前头划出一根溪。赫＝个溪啊当弗牢个阔，当弗牢个急，牛郎根本挖＝弗过去。就亨＝甲＝活，牛郎对织女唻就乞王母娘娘分开了。

ȵiɯ²²lɔŋ²²liɛʔ²³kʰɤ⁰liɛʔ²³kʰɤ⁰，tsəŋ⁵³sɛ̃³³kʰua³³kʰaʔ⁵gɤ²²liɛʔ²³dɛʔ tɕi？⁵ȵyɛ¹³ba⁰，xɐɯ⁵³dɛʔ²³fəɯ？⁵dɛʔ²³，tʰiɛ̃⁴⁵dʑiaŋ⁰kɛ⁰ɔŋ²¹mu¹³ȵiaŋ²²ȵiaŋ²¹ iu¹³fa？⁵iɛ̃²¹lə⁰。ɔŋ²¹mu¹³ȵiaŋ²²ȵiaŋ²¹ziɕi²²dəɯ²²dʑiaŋ²¹ia？⁵lɔ？⁰lei⁰i？⁵ kɛ̃³³tɕiŋ³³tsʰa⁴⁵，sa？³sa？⁵ɕiŋ³³ɕiŋ⁴⁵tiu³³ȵiɯ²²lɔŋ²¹tɛʔ³tɕi？⁵ȵyɛ¹³kɛ⁰zyɛ̃²² dəɯ²¹uaʔ²³tɕʰyɛ？⁰i？⁵kɛ̃³³tɕʰiɛ⁴⁵，xa？⁵kei⁰tɕʰiɛ⁴⁵a⁰tɔŋ³³fəɯ？⁵lɐɯ²²kɛ⁰ kʰuɛ？⁵，tɔŋ³³fəɯ？⁵lɐɯ²²kɛ⁰tɕi？⁵，ȵiɯ²²lɔŋ²²kɛ̃³³pɛ̃⁵³uaʔ⁵fəɯ？⁰ku⁵⁵kʰɤ³³⁴， ʑiu²¹xaŋ⁵³ka？⁵uaʔ²³，ȵiɯ²²lɔŋ²²tɛʔ³tɕi？⁵ȵyɛ¹³lə⁰ʑiu²¹kʰaʔ³iɔŋ²²mu¹³ȵiaŋ²² ȵiaŋ²¹fəŋ³³kʰei⁴⁵lə⁰。

牛郎追啊追啊，总算快追上织女了，真不凑巧，又被天上的王母娘娘发现了。王母娘娘从头上拿下来一支金钗，狠心地在牛郎和织女之间划出了一条河。那条河不知有多宽，有多急，牛郎根本过不去。就这样，牛郎和织女活生生地被王母娘娘分开了。

天上个喜鹊啊望着牛郎对织女也实在是罪过，所以，每到七月初七唻，渠些农就会整串整串个飞着天上去，头尾连起来变成一座桥，乞牛郎对织女可以见个面，可以团个圆。

tʰiɛ̃⁴⁵ dʑiaŋ⁰ kɛ⁵ sʐ⁵³ tɕʰiɔʔ⁵ aʔ⁰ mɔŋ²¹ dɛʔ²³ n̪iɯ²² lɔŋ²² tɛʔ³ tɕiʔ⁵ n̪yɛ¹³ iaʔ²³ zəɯʔ² zei¹³ ʑiʔ² zei²² ku³³⁴ , su⁵³ i³³ , mei¹³ təɯ³³ tɕʰiʔ⁵ n̪yɛʔ² tɕʰiu³³ tɕʰiʔ⁵ lɛ⁰ , gɤ²² sɛʔ⁵ nəŋ²² ʑiɯ²¹ uei¹³ tɕiŋ⁵⁵ tɕʰyŋ³³ tɕiŋ⁵⁵ tɕʰyŋ³³ kɛ⁰ fi⁴⁵ dɛʔ⁰ tʰiɛ̃⁴⁵ dʑiaŋ⁰ kʰɤ⁰ , dəɯ²² mi¹³ liɛ̃³ tɕʰiʔ⁰ lei²¹ piɛ̃³³ ʑiŋ²² iʔ⁵ zəɯ²¹ dʑiɯ²²¹ , kʰaʔ⁵ n̪iɯ²² lɔŋ²² tɛʔ³ tɕiʔ⁵ n̪yɛ¹³ kʰu⁵³ i³³ iɛ̃³³ kei⁴⁵ miɛ̃²¹³ , kʰu⁵³ i³³ dɛ̃²² kei³³ yɛ̃²²¹ 。

天上的喜鹊看着牛郎和织女实在可怜，所以，每年到了农历七月初七这一天，它们就会连成串似的飞到天上去，头和尾连接起来变成一座桥，让牛郎和织女可以见上一面，可以团圆。

（2016 年 8 月 2 日，遂昌，讲述人：应瑛）

（二）叫"皇天"

遂昌农啊合适讴"皇天"，碰着道路讴"皇天"，刮⁼了一塌⁼讴"皇天"，公婆相争讴"皇天"。赫⁼拨⁼哪西遂昌农亨⁼合适讴"皇天"唻？事实啊亦是有故事个。

zy²¹ tɕʰiaŋ⁴⁵ nəŋ²² aʔ⁰ ɛʔ² ɕiʔ⁵ əɯ⁴⁵ "ɔŋ²¹ tʰiɛ̃⁴⁵" , pʰəŋ³³ dɛʔ²³ dəɯ²² luə²¹ əɯ⁴⁵ "ɔŋ²¹ tʰiɛ̃⁴⁵" , kuaʔ⁵ lə⁰ iʔ⁰ tʰaʔ⁰ əɯ⁴⁵ "ɔŋ²¹ tʰiɛ̃⁴⁵" , kəŋ⁵⁵ bu²¹ ɕiaŋ³³ tɕiaŋ⁴⁵ əɯ⁴⁵ "ɔŋ²¹ tʰiɛ̃⁴⁵" 。 xaʔ³ pɛʔ⁵ naʔ⁵ ɕiɛ³³ zy²¹ tɕʰiaŋ⁴⁵ nəŋ²² xaŋ⁴⁵ ɛʔ² ɕiʔ⁵ əɯ⁴⁵ "ɔŋ²¹ tʰiɛ̃⁴⁵" lɛ⁰? zuə²¹ ʑiʔ²³ aʔ⁰ iaʔ⁵ ʑiʔ²³ uɔʔ² kuə⁵⁵ zuə²¹ kɛ⁰ 。

遂昌人很喜欢叫"皇天"，碰到有什么事情叫"皇天"，摔了一跤叫"皇天"，夫妻吵架也叫"皇天"。为什么遂昌人这么喜欢叫"皇天"呢？其实这里面有一个故事。

原来乙＝个皇天啊是天上个一个神仙，渠农热心险个。只乐听着有农讴渠唻，渠就会马上躐来帮助别农，赫＝大势亦就养成了习惯。

yẽ²²lei²²iʔ⁵kei⁰ŋ²¹tʰiɛ̃⁴⁵aᵒziʔ²tʰiɛ̃⁴⁵dziaŋᵒkeᵒiʔ⁵kei³³ziŋ²¹ɕiɛ̃⁴⁵,gɤ²²nəŋ²²ȵiɛʔ²ɕiŋ⁴⁵ɕiɛ̃⁵³keᵒ。tsəɯʔ⁵ŋɯɐɯ²¹tʰiŋ³³dɛʔ²³uɔʔ²³nəŋ²²ɐɯ⁴⁵gɤ²²lɛᵒ,gɤ²²ziɯ²¹uei¹³mɒ²¹dziaŋ²²liɛʔ²³lei²²pɒ⁵⁵zuɐ²¹biɛʔ²³nəŋ²²¹,xaʔ⁵da²²ɕiɛ³³iaʔ²³ziɯ²¹iaŋ¹³ziŋ²²ləᵒziʔ²³kuaŋ³³⁴。

原来皇天是天上的一个神仙，他为人热情。只要听到有人叫他，他就会马上赶来帮助别人，大家也就养成了习惯。

有一日唻，有个农搣了尿桶到田里去浇菜，走到赫＝盪＝便一塌＝刮＝，一个屁股扡＝，渠就躲赫＝盪＝讴："皇天！皇天！"皇天听着有农讴渠，连慌就躐过来罢，一记望，原来是个搣尿桶个农刮＝倒了。皇天就讲："连你亨＝刮＝记儿都乐讴我皇天，我还忙得过来[个啊]？"

uɔʔ²³iʔ⁵nɛʔ²³lɛᵒ,uɔʔ²³kei³³nəŋ²²gɛʔ²³ləᵒɕy³³dəŋ¹³tɐɯ³³diɛ̃²²lei²¹kʰɤ³³tɕiɐɯ⁵⁵tsʰei³³⁴,tsu⁵³tɐɯ³³xaʔ⁵dɒŋ¹³bɛʔ⁵iʔ³tʰaʔ⁵kuaʔ⁵,iʔ⁵kei³³pʰiʔ³³ku⁵³təŋ⁴⁵,gɤ²²ziɯ²¹tiu⁴⁵xaʔ⁵dɒŋᵒɐɯ⁴⁵："ŋ²¹tʰiɛ̃⁴⁵！ŋ²¹tʰiɛ̃⁴⁵！"ŋ²¹tʰiɛ̃⁴⁵tʰiŋ³³dɛʔ²³uɔʔ²³nəŋ²²ɐɯ⁴⁵gɤ²²¹,liɛ̃²²xɒŋ⁴⁵ziɯ²¹liɛʔ²³kuᵒlei ba⁰,iʔ⁵tsʅ³³mɒŋ²¹³,yẽ²²lei²²ziʔ²³kei³³gɛʔ²³ɕy³³dəŋ¹³kɛᵒnəŋ²²kuaʔ⁵tɐɯᵒlɛᵒ。ŋ²¹tʰiɛ̃⁴⁵ziɯ²¹kɒŋ⁵³³："liɛ̃²²ȵiɐ¹³xaŋ⁵³kuaʔ⁵tsʅᵒȵiɐᵒtəɯʔ⁵ŋɐɯ²¹ɐɯ⁴⁵ŋᵒ¹³ŋ²¹tʰiɛ̃⁴⁵,ŋᵒ¹³aʔ²mɒŋ²²tiʔᵒku³³lei²²kaᵒ？"

有一天，有一个人挑着尿桶到田里去浇菜，走到那里摔了一大跤,他就在那里叫:"皇天! 皇天!"皇天听到有人叫他,连忙赶了过来,一看,原来是挑尿桶的人摔倒了。皇天就说:"连你这样摔一下都要叫我皇天,我还忙得过来吗?"

从此以后唻,皇天再听着有农讴渠啊,渠就弗来了。但是,遂昌农已经养成了习惯,弗管拨⁼哪西,只乐碰着困难,弗管是刮⁼倒了还是公婆相争,还是会讴"皇天"。

ziɔŋ²²tsʰɿ⁵³i²²u¹³lə⁰,ɔŋ²¹tʰiɛ̃⁴⁵tsei⁴⁵tʰiŋ³³dɐʔ²³uɔʔ²³nəŋ²²ɐu⁴⁵gɤ²²a⁰,gɤ²²ziɯ²¹fəɯʔ⁵lei²¹lə⁰。daŋ²¹ziʔ²³,zy²¹tɕʰiaŋ⁴⁵nəŋ²²i²¹tɕiŋ⁴⁵iaŋ¹³ziŋ²²lə⁰ziʔ²³kuaŋ³³⁴,fəɯʔ³kuɛ̃⁵³pɛʔ⁵naʔ²ɕiɛ³³⁴,tsəɯʔ⁵ŋɐu²¹pʰəŋ³³dɐʔ²³kʰuəŋ³³naŋ²²¹,fəɯʔ⁵kuɛ̃⁵³ziʔ²³kuaʔ⁵tɐu³³lə⁰aʔ²ziʔ²³kəŋ⁵⁵bu²¹ɕiaŋ³³tɕiaŋ⁴⁵,aʔ²ziʔ²³uei²¹ɐu⁴⁵"ɔŋ²¹tʰiɛ̃⁴⁵"。

从此,皇天再听到有人叫他,他就不来了。但是,遂昌人已经养成了习惯,不管做什么,只要碰到困难,不管是摔倒了还是夫妻吵架,还是会叫"皇天"。

(2016 年 8 月 2 日,遂昌,讲述人:应瑛)

(三)应槚的故事

应槚渠是遂昌应村农,当地农唻亦讴渠应督堂。乙⁼个农啊从小就聪明险,后底唻考上了进士,就去做大官了。赫⁼渠做过哪些官唻? 渠做过刑部个主事,济南、常州个知府,兵部个侍郎,最后还做了两广总督。所以啊,乙⁼个农是个本领农儿。好,我今日就来讲讲渠个故事。先来讲一个渠小时间个道路。

iŋ³³kaʔ⁵gɤ²²ziʔ²³zy²¹tɕʰiaŋ⁴⁵iŋ⁴⁵tsʰɛ̃³³nəŋ⁰,tɔŋ⁵⁵di²¹nəŋ²²lə⁰iaʔ²³ɐu⁴⁵gɤ²²iŋ³³tu⁵⁵dɔŋ²¹³。iʔ⁵kei⁰nəŋ²²a⁰ziɛŋ²²ɕiɐu⁵³ziɯ²¹tsʰəŋ⁵⁵miŋ²¹ɕiɛ̃⁵³³, u¹³tie⁵³lɛ⁰kʰɐɯ⁵⁵dʑiaŋ¹³lə⁰tɕiŋ³³zuə¹³,ʑiɯ²¹kʰɣ³³tsəɯ³³dəɯ²¹kuɛ̃⁴⁵lə⁰。

xaʔ⁵gɣ²²tsəɯ³³ku⁴⁵naʔ⁵sɛʔ⁵kuɛ̃⁴⁵lɛ⁰? gɣ²²tsəɯ³³ku⁴⁵iŋ²²bu¹³kɛ⁰tɕyɛ⁵⁵

zuə²¹³,tsʅ³³nɛ̃²²、dʑiaŋ²¹tɕiɯ⁴⁵kɛ⁰tsʅ³³fuə⁵³³,piŋ⁴⁵bu¹³kɛ⁰zʅ¹³ləŋ²²¹,tsei⁴⁵

u¹³aŋ²²tsəɯ³³lə⁰lɛ̃²¹kuaŋ⁵³tsəŋ⁵³təɯʔ⁵。su⁵³i²²a⁰,iʔ⁵kei⁰nəŋ⁰ziʔ²³kei³³

pɛ̃⁵³liŋ¹³nəŋ²²ȵiɛ²¹³。xɐɯ⁵³³,ŋŋ¹³kɛʔ⁵nɛʔ⁵ʑiɯ¹³lei²²kəŋ⁵³kəŋ³³gɣ²²kɛ⁰kuə⁵⁵

zuə²¹³。ɕiɛ̃⁴⁵lei²²kəŋ⁵³iʔ⁰kei⁰gɣ²²ɕiɐɯ⁵⁵zʅ²¹kaŋ⁴⁵kɛ⁰dɐɯ²²luə²¹³。

应楏是遂昌应村人，当地人也叫他应督堂。这个人从小就很聪明，后来考上了进士，就当了大官。那他做过哪些官呢？他做过刑部的主事，济南、常州的知府，兵部侍郎，最后还做了两广总督。所以，这个人是很有本领的人。那么，我今天就来讲讲他的故事。先说说他小时候的事情。

还是渠十岁个时间唻，渠村内有个大地主，爷儿两个亦考上了进士。哈，乙᷾个地主唻就忖，亨᷾光荣个道路我乐乞全村农都识着。渠就躲处门口啊贴了一副对联：爷进士，儿进士，爷儿皆进士；婆夫人，媳夫人，婆媳皆夫人。乙᷾个对联哪□意思啊？老爷是进士，儿是进士，爷儿两个啊都是进士；婆婆是夫人，新妇是夫人，婆媳两个啊都是夫人。嚎，乙᷾个对联贴着出去啊，赫᷾是真威个。

aʔ⁵ziʔ²³gɣ²²ʑyɛʔ²³ɕyɛ³³kɛ⁰zʅ²¹kaŋ⁴⁵lɛ⁰,gɣ²²tsʰɛ̃⁴⁵lei⁰uə²³kei³³dəɯ²¹

di¹³tɕyɛ⁵³³,iu²²ȵiɛ²¹¹nɛ̃¹³kei³³iaʔ²³kʰɐɯ⁵³dʑiaŋ¹³lə⁰tɕiŋ³³zuə²¹³。xa⁰,iʔ⁵

kei⁰di¹³tɕyɛ⁵³lɛ⁰ʑiɯ²¹tsʰɛ̃⁵³³,xaŋ⁴⁵kuaŋ³³iəŋ²²kɛ⁰dəɯ²²luə²¹ŋ¹³ŋɐɯ²¹

kʰaʔ³ʑyɛ̃²²tsʰɛ̃⁴⁵nəŋ⁰təɯʔ⁵tɕiʔ³dɛʔ⁰。gɣ²²ʑiɯ²¹tiu⁴⁵tɕʰyɛ³³məŋ¹³kʰu⁵³

a⁰tʰiɛʔ⁵lə⁰iʔ⁵fuə³³tei³³liɛ̃²²¹:iu²²tɕiŋ⁵⁵zuə²¹³,ȵiɛ²²tɕiŋ⁵⁵zuə²¹³,iu²²ȵiɛ²¹

tɕiɛʔ⁵tɕiŋ⁵⁵zuə²¹³;bu²²fuə⁴⁵nəŋ⁰,ɕiʔ⁵fuə⁴⁵nəŋ⁰,bu²²ziʔ²³tɕiɛʔ⁵fuə⁴⁵nəŋ⁰。

iʔ⁵kei⁰tei³³liɛ̃²²na²¹nəŋ⁴⁵i⁵⁵sɣ³³a⁰? lɐɯ¹³iu²²ziʔ²³tɕiŋ⁵⁵zuə²¹³,ȵiɛ²²ziʔ²³

tɕiŋ⁵⁵zuə²¹³,iu²²ȵiɛ²¹nɛ̃¹³kei⁰a⁰təɯʔ⁵ziʔ²³tɕiŋ⁵⁵zuə²¹³;bu²²bu⁰ziʔ²³fuə⁴⁵

nəŋ⁰ ，ɕiŋ³³ vuə²¹ ziʔ²³ fuə⁴⁵ nəŋ⁰ ，bu²¹ ɕiʔ⁵ nɛ̃²¹ kei⁰ a⁰ təuʔ⁵ ziʔ²³ fuə⁴⁵ nəŋ⁰ 。
xɒ⁰ ，iʔ⁵ kei⁰ tei³³ liɛ̃²² tʰiɛʔ⁵ dɛʔ⁰ tɕʰyɛʔ⁰ kʰɤ⁰ a⁰ ，xaʔ⁵ ziʔ²³ tɕiŋ⁴⁵ y⁴⁵ kɛ⁰ 。

当他还是十岁的时候，他村里有一个大地主，爷儿俩也考上了
进士。哈，地主想，这么光荣的事情我要让全村人都知道。他就在
家门口贴了一副对联：爷进士，儿进士，爷儿皆进士；婆夫人，媳夫
人，婆媳皆夫人。这个对联是什么意思呢？爸爸是进士，儿子是进
士，父子两个都是进士；婆婆是夫人，儿媳妇是夫人，婆媳两个都是
夫人。呵，这个对联一贴出去，那可真是威风啊。

　　但是唻应督堂认为啊乙⁼个农忑骄傲了，乐杀杀渠个威风。
赫⁼日黄昏唻应督堂就带了一箸⁼墨笔，到了乙⁼个农个处门口，渠
躲对联上底啊加了两笔就走了。第二日天光村里个农啊发现地主
老爷个处门口个对联唻乞农改过了。大势围到赫⁼盅⁼望，都躲赫⁼
盅⁼讲，嚎，乙⁼个对联啊真改得好！

daŋ²¹ ziʔ²³ lɛ⁰ iŋ³³ tu⁵⁵ dɒŋ²¹ ȵiŋ¹³ uei²² a⁰ iʔ⁵ kei⁰ nəŋ²² tʰaʔ³ tɕiɐu⁵⁵ ŋɐu²¹
lə⁰ ，ŋɐu²¹ saʔ⁵ saʔ⁰ gɤ²² kɛ⁰ y³³ fəŋ⁴⁵ 。 xa⁵ nɛʔ² ɒŋ²¹ xuɛ̃⁴⁵ lɛ⁰ iŋ³³ tu⁵⁵ dɒŋ²¹ ziu²¹
ta³³ lə⁰ iʔ⁵ dʑiɛ²¹ mɒʔ² piʔ⁵ ，tɐu³³ lə⁰ iʔ⁵ kei⁰ nəŋ²² kɛ⁰ tɕʰyɛ³³ məŋ¹³ kʰu⁵³³ ，gɤ²²
tiu⁴⁵ tei³³ liɛ̃²² dʑiaŋ¹³ tiɛ⁵³ a⁰ kɒ⁴⁵ lə⁰ nɛ̃²² piʔ³ ziu²¹ tsɐu⁵³ lə⁰ 。 diɛ²² ȵi²¹ nɛʔ²³
tʰiɛ̃³³ kɒŋ⁴⁵ tsʰɛ̃⁴⁵ lei⁰ kɛ⁰ nəŋ²² a⁰ faʔ⁵ iɛ̃²¹ di¹³ tɕyɛ⁵³ lɐu¹³ iu²² kɛ⁰ tɕʰyɛ³³ məŋ¹³
kʰu⁵³ kɛ⁰ tei³³ liɛ̃²² lɛ⁰ kʰaʔ⁵ nəŋ²² kei⁵⁵ ku³³ lə⁰ 。 da²² ɕie³³ uei²² dɛʔ⁵ xaʔ⁵ dɒŋ²²
mɒŋ²¹³ ，tɐuʔ⁵ tiu⁴⁵ xaʔ⁵ dɒŋ²² kɒŋ⁵³³ ，xɒ⁰ ，iʔ⁵ kei⁰ tei³³ liɛ̃²² a⁰ tɕiŋ⁴⁵ kei⁵³ tiʔ⁵
xɐu⁵³³ ！

　　但是应督堂认为他太骄傲了，要杀一杀他的威风。那天晚上应
督堂带了一支毛笔到了这个人的家门口，他在对联上面加了两笔就
走了。第二天早晨村里人发现地主的对联被人改过了。大家围在
那里看，都说对联改得真好！

地主老爷听着外底亨＝吵，渠亦出来望望察，到了门口啊赫＝真个是乐气吐血。拨＝哪西唻？原来乙＝个对联啊乞应督堂加了两笔，就变成了另外个意思。应督堂帮渠改成了哪西唻？爷进土，子进土，爷儿皆进土；婆失夫，媳失夫，婆媳皆失夫。嚎嚎，乙＝个对联乞渠改了亨＝样子！地主老爷争儿办唻？无办法，益＝好弗响弗□帮赫＝个对联旙旙了，以后再亦弗敢写亨＝个对联了。

di¹³tɕyɛ⁵³lɐɯ¹³iu²²tʰiŋ³³dɛʔ⁰ua¹³tie⁵³xaŋ⁴⁵tsʰɐɯ⁵³³，gɤ²²iaʔ²³tɕʰyɛʔ⁵lei²²mɔŋ²¹mɔŋ¹³tsʰɛʔ⁰，tɐɯ³³lə⁰məŋ¹³kʰuɔ⁵³aⁿxaʔ³tɕiŋ⁴⁵kɛ⁰ziʔ²³ŋɐɯ²¹tsʰ̩³³tʰuə⁵³ɕyɛʔ⁵。pɛʔ⁵naʔ²ɕiɛ³³lɛ⁰？ yɛ̃²²lei²²iʔ⁵kei⁰tei³³liɛ̃²²aⁿkʰaʔ³iŋ³³tu⁵⁵dɔŋ²¹kɒ⁴⁵lə⁰nɛ̃²²piʔ⁰，ʑiu²¹piɛ̃³³ziŋ²²lə⁰liŋ²²ua²¹kɛ⁰i⁵⁵sɤ³³⁴。iŋ³³tu⁵⁵dɔŋ²¹pəɯ⁵gɤ²²kei⁵³ziŋ²²lə⁰naʔ²ɕiɛ³³lɛ⁰？iu²²tɕiŋ³³tʰuə⁵³³，tsɤ⁵³tɕiŋ³³tʰuə⁵³³，iu²²ȵiɛ²¹tɕiɛʔ⁵tɕiŋ³³tʰuə⁵³³；buⁿɕiʔ³fuə³³⁴，ɕiʔ³ɕiʔ³fuə³³⁴，buⁿziʔ²³tɕiɛʔ⁵ɕiʔ³fuə³³⁴。xɒ⁰xɒ⁰，iʔ⁵kei⁰tei³³liɛ̃²²kʰaʔ³gɤ²²kei⁵³lə⁰xaŋ⁴⁵iaŋ¹³tsɤ⁵³³！di¹³tɕyɛ⁵³lɐɯ¹³iu²²tɕiaŋ³³ȵiɛ²²baŋ²¹lɛ⁰？muə²²baŋ²¹faʔ³，iʔ³xɐɯ⁵³fəɯʔ³ɕiaŋ⁵³fəɯʔ³ləɯ⁵pɒŋ³³xaʔ⁵kei⁰tei³³liɛ̃²²pʰiaʔ⁵pʰiaʔ⁰lə⁰，i²²u¹³tsei⁴⁵iaʔ²fəɯʔ³kɛ̃⁵³ɕiŋ⁵³xaŋ⁵³kɛ⁰tei³³liɛ̃²²lə⁰。

地主老爷听到外面这么吵，他也出来看一看，到了门口一看真的要气吐血。为什么呢？原来这个对联被应督堂加了两笔，就变成了另外的意思。应督堂把它改成什么了呢：爷进土，子进土，爷儿皆进土；婆失夫，媳失夫，婆媳皆失夫。嚎嚎，这个对联被他改成这个样子！地主老爷怎么办呢？没办法，只好不声不响把对联撕了，以后再也不敢写这样的对联了。

乙＝个唻是应督堂小时间个道路。接落去我再来讲一个应督堂当进士、当大官了以后个道路。赫＝时间啊南方个叛乱是严重险，嘉靖皇帝啊实在是无办法，头痛险。最后，渠忖着了应督堂，渠就任命应督堂做两广总督，专门到南方去平叛乱。应督堂上任以后咮，大大小小个仗啊赫＝是打了弗识着几多次，总算帮乙＝个局面稳定落来了，但是还有一部分个农咮渠是逃到了山上去做土匪了。应督堂忕忕啊乙＝个道路弗着。渠亦胆大险，有一日咮，渠就自家带了些盐番椒啊，盐菜头啊，就自家一个农到山上去了罢。渠忕到山上去啊望望察乙＝个土匪窠到底是争儿个情况。

iʔ⁵ kei⁰ lɛ⁰ ʑiʔ²³ iŋ³³ tu⁵⁵ dɔŋ²¹ ɕiɐɯ⁵⁵ zɿ²¹ kaŋ⁴⁵ kɛ⁰ dɐɯ²² luə²¹³ 。 tɕiɛʔ⁵ lɔʔ⁰ kʰ ɤ⁰ ŋɒ¹³ tsei⁴⁵ lei²² kəŋ⁵³ iʔ⁵ kei³³ iŋ³³ tu⁵⁵ dɔŋ²¹ tɔŋ³³ tɕiŋ⁵⁵ zuə¹³ 、tɔŋ³³ du²¹ kuɛ̃⁴⁵ lə⁰ i²² u¹³ kɛ⁰ dɐɯ²² luə²¹³ 。 xaʔ⁵ zɿ²¹ kaŋ⁴⁵ aⁿ nɛ̃²¹ fɔŋ⁴⁵ kɛ⁰ pʰ ɛ̃⁵⁵ lyɛ̃²¹ ʑiʔ²³ n̠iɛ̃²² dʑiɔŋ¹³ ɕiɛ̃⁵³³ ，kɒ⁵⁵ tɕiŋ³³ ɔŋ²² tiɛ³³ aⁿ zɐɯʔ²³ zei¹³ ʑiʔ²³ muə²² baŋ²¹ faʔ⁵ ，dəɯ²² tʰ əŋ³³ ɕiɛ̃⁵³³ 。 tsei⁴⁵ u¹³ ，gɤ²² tsʰ ɛ̃⁵³ dɛʔ²³ lə⁰ iŋ³³ tu⁵⁵ dɔŋ²¹³ ，gɤ²² ʑiɯ²¹ n̠iŋ¹³ miŋ²¹ iŋ³³ tu⁵⁵ dɔŋ²¹ tsɐɯ³³ lɛ̃²¹ kuaŋ⁵³ tsəŋ⁵³ təɯʔ⁵ ，tɕyɛ̃⁴⁵ məŋ⁰ tɐɯ³³ nɛ̃²² fɔŋ⁴⁵ kʰ ɤ³³ biŋ²² pʰ ɛ̃⁵⁵ lyɛ̃²¹³ 。 iŋ³³ tu⁵⁵ dɔŋ²¹ dʑiaŋ¹³ n̠iŋ²¹ i²² u¹³ lɛ⁰ ，dəɯ²¹ dɐɯ¹³ ɕiɐɯ⁵³ ɕiɐɯ⁵³ kɛ⁰ tɕiaŋ³³ aⁿ xaʔ⁵ ʑiʔ² tiaŋ⁵³ lə⁰ fəɯʔ³ tɕiʔ³ dɛʔ³ kei⁵³ təɯ⁴⁵ tsʰ ɤ³³⁴ ，tsəŋ⁵³ sɛ̃³³ pəɯʔ⁵ iʔ⁵ kei⁰ dʑiɔŋ²³ miɛ̃²¹ uɛ̃⁵⁵ diŋ²¹ lɔʔ²³ lei¹ lə⁰ ，daŋ²¹ ʑiʔ²³ aʔ² uɔʔ²³ iʔ⁵ bu¹³ vəŋ²¹ kɛ⁰ nəŋ²² lɛ⁰ gɤ²² ʑiʔ²³ dɐɯ²² tɐɯ²² lə⁰ saŋ⁴⁵ dʑiaŋ⁰ kʰ ɤ³³ tsəɯ³³ tʰ uə³³ fi⁵³ lə⁰ 。 iŋ³³ tu⁵⁵ dɔŋ²¹ tsʰ ɛ̃⁵³ tsʰ ɛ̃³³ aⁿ iʔ⁵ kei⁰ dɐɯ²² luə²¹ fəɯʔ⁵ dɛʔ²³ 。 gɤ²² iaʔ²³ taŋ⁵³ dəɯ²¹ ɕiɛ̃⁵³³ ，uɔʔ²³ iʔ⁵ nɛʔ²³ lɛ⁰ ，gɤ²² ʑiɯ²¹ zyʔ²³ kɒ³³ ta³³ lə⁰ sɛʔ³ iɛ̃²¹ faŋ³³ tɕiɐɯ⁴⁵ aⁿ ，iɛ̃²¹ tsʰ ei³³ dəɯ²² aⁿ ，ʑiɯ²¹ zyʔ²³ kɒ³³ iʔ⁵ kei³³ nəŋ²² tɐɯ³³ saŋ⁴⁵ dʑiaŋ⁰ kʰ ɤ³³ lə⁰ ba⁰ 。 gɤ²² tsʰ ɛ̃⁵³ tɐɯ³³ saŋ⁴⁵ dʑiaŋ⁰ kʰ ɤ³³ aⁿ mɔŋ²¹ mɔŋ¹³ tsʰ ɛʔ⁰ iʔ⁵ kei⁰ tʰ uə³³ fi⁵³ kʰ u⁴⁵ tɐɯ³³ ti⁵³ ʑiʔ²³ tɕiaŋ³³ n̠iɛ²² kɛ⁰ ʑiŋ²² kʰ uaŋ⁵³³ 。

这是应督堂小时候的事情。下面再讲他当进士、当大官的事情。那时候的南方叛乱很严重，嘉靖皇帝实在没办法，很头疼。最后，他想到了应督堂，他就任命应督堂为两广总督，专门到南方去平叛乱。应督堂上任以后，大大小小的仗也不知打了多少次，总算把这个局面稳定了下来，但是还有一部分人逃到山上去做土匪了。应督堂想,这件事情不太对头。他也很胆大,有一天,他带了一些腌辣椒、腌萝卜,自己一个人到山上去了。他想到山上去看一看,这个土匪窝到底是什么情况。

　　到了山上以后唻还真个乞渠碰着了赫⁼班土匪,土匪帮渠带着了土匪窠。应督堂啊聪明险,渠帮身上带去个乙⁼些盐菜头啊,盐番椒啊都约出来乞大势哇。嚎,乙⁼些土匪躲着山上唻,好多时糙哇到过亨⁼个东西了,都讲,哇! 你个东西争有亨⁼好哇[个啊]? 大势都抢起哇。土匪头儿问应督堂,你个东西算讲争儿弄弄儿个? 争有亨⁼好哇个? 应督堂报渠,乙⁼个啊就是用盐弄起个,乙⁼个盐唻是个好东西,你望望察,乙⁼些菜盐过以后唻就亨⁼好哇,你些农都哇过了罢。但是乙⁼个盐还有一个另外个作用好险个,就是约来盐你个兵器。比方你个刀啊,剑啊,用盐抹上去以后嚎,永固就是锃光个,赫⁼个东西永固輘上铁锈。

teɯ³³lə⁰saŋ⁴⁵dziaŋ⁰i²²u¹³lɛ⁰aŋ²²tɕiŋ⁴⁵ke⁰kʰaʔ⁵gɤ²²pʰəŋ³³dɛʔ²³lə⁰xaʔ⁵paŋ³³tʰuə³³fi⁵³³,tʰuə³³fi⁵³pəɯʔ⁵gɤ²²ta³³dɛʔ²³lə⁰tʰuə³³fi⁵³kʰu⁴⁵。iŋ³³tu⁵⁵doŋ²¹a⁰tsʰəŋ⁵⁵miŋ²¹ɕiɛ̃⁵³³,gɤ²²pəɯʔ³ɕiŋ⁴⁵dziaŋ⁰ta³³kʰɤ⁰ke⁰⁵iʔ⁵sɛʔ⁰iɛ̃²¹tsʰei³³dəɯ²²a⁰,iɛ̃²¹faŋ³³tɕiɯ⁴⁵a⁰təɯʔ⁵iaʔ⁵tɕʰyɛʔ⁵lei⁰kʰaʔ⁵da²²ɕiɛ³³tiɛʔ⁵。xɒ⁰,iʔ⁵sɛʔ⁰tʰuə³³fi⁵³tiu⁴⁵dɛʔ⁰saŋ⁴⁵dziaŋ⁰lɛ⁰,xɐɯ⁵³təɯ⁴⁵ʑiu²¹vɛ̃²²tiɛʔ⁵təɯ³³ku⁰xaŋ⁵³ke⁰təŋ³³ɕiɛ⁴⁵lə⁰,təɯʔ⁵kɔŋ⁵³³,uɛ²¹³!ȵiɛ¹³ke⁰təŋ³³ɕiɛ⁴⁵tɕiaŋ³³uɔʔ²³xaŋ³³xɐɯ⁵³tiɛʔ⁵ka⁰? da²²ɕiɛ³³təɯʔ⁵tɕʰiaŋ⁵³tɕʰi⁰tiɛʔ⁵。tʰuə³³fi⁵³du⁴⁵ȵiɛ²¹məŋ²¹iŋ³³tu⁵⁵doŋ²¹³,ȵiɛ¹³ke⁰təŋ³³ɕiɛ⁴⁵sɛ̃³³kɔŋ⁵³tɕiaŋ³³ȵiɛ²²nəŋ⁴⁵nəŋ⁰ȵiɛ²²ke⁰? tɕiaŋ³³uɔʔ²³xaŋ⁵⁵xɐɯ³³tiɛʔ⁵ke⁰? iŋ³³tu⁵⁵doŋ²¹pəɯ³³gɤ²²¹,iʔ⁵kei⁰a⁰ʑiu²¹ʑiʔ²³iɔŋ²¹iɛ̃²²nəŋ⁴⁵tɕʰi⁰ke⁰,iʔ⁵kei⁰iɛ̃²²lɛ⁰ʑiʔ²³kei³³xɐɯ⁵³təŋ³³ɕiɛ⁴⁵,ȵiɛ¹³məŋ²¹məŋ¹³tsʰɛʔ⁰,iʔ⁵sɛʔ⁰tsʰei³³iɛ̃²¹ku⁴⁵i²²u¹³lɛ⁰ʑiu²¹xaŋ⁴⁵xɐɯ³³tiɛʔ⁵,ȵiɛ¹³sɛʔ⁰nəŋ⁰təɯʔ⁵tiɛʔ⁵ku⁰lə⁰ba⁰。daŋ²¹ʑiʔ²³iʔ⁵kei⁰iɛ̃²²aʔ²uɔʔ²³

i?⁵ kei³³ liŋ²² ua²¹ kɛ⁰ tsɿ?⁵ iɔŋ²¹ mɐɯ⁵³ ɕiɛ̃⁵³ kɛ⁰ , ziɯ²¹ zi?⁵ ia?⁵ lei²² iɛ̃²¹ ȵiɛ¹³

kɛ⁰ piŋ⁵⁵ tsʰɿ³³⁴ 。 pi⁵³ fəŋ³³ ȵiɛ¹³ kɛ⁰ tɐɯ⁴⁵ a⁰ , tɕiɛ̃³³ a⁰ , iɔŋ²¹ iɛ̃²² mɔ?⁵ dʑiaŋ²²

kʰɣ³³ i²² u¹³ xɐ⁰ , iɔŋ²¹ kuɛ?⁵ ziɯ²¹ zi?²³ tɕyŋ⁵³ kɔŋ⁴⁵ kɛ⁰ , xa?⁵ kei⁰ təŋ³³ ɕiɛ⁴⁵ iɔŋ²¹

kuɛ?⁵ fəɯ?⁵ uei²¹ dʑiaŋ¹³ tʰiɛ?⁵ ɕiɯ³³⁴ 。

　　到了山上以后还真被他遇到了那帮土匪,土匪把他带到了土匪
窝。应督堂很聪明,他把带去的腌萝卜、腌辣椒都拿出来给大家吃。
这些土匪在山上好久没吃到这样的东西了,都说,你这些东西怎么
这么好吃? 大家都抢着吃。土匪头问应督堂,你的东西是怎么做
的? 怎么会这么好吃? 应督堂告诉他是用盐腌的,这个盐是个好东
西,你看,这些菜腌过后就这么好吃了,你们都吃过了。但是这个盐
还有别的用途,就是可以用来腌你的兵器。像你的刀啊,剑啊,用盐
抹上去以后,永远都锃亮锃亮的,永远都不会生锈。

　　嚎,土匪头儿听了啊赫ᐧ是好像撮到了宝贝样,一定乐应督堂
落山去以后啊帮渠些农弄些盐上来。无几日眜,应督堂就讴农送了
好多盐上去。土匪头儿第一时间就讴下底赫ᐧ些农帮所有个刀啊,
剑啊全部都用盐盐落去。大概过了两年以后,应督堂眜忖忖赫ᐧ些
农个兵器亦烂得差弗多了罢,就派兵去打。整个土匪窠里啊虽然讲
农多,但是根本寻弗出一样有用个兵器,因为所有个兵器已经全部
都乞盐烂了了。

　　xɐ⁰ , tʰuə³³ fi⁵³ du²² ȵiɛ²¹ tʰiŋ³³ lə⁰ a⁰ xa?⁵ zi?²³ xɐɯ⁵³ ziaŋ²² tsʰəɯ?⁵ tɐɯ⁰

lə⁰ pɐɯ⁵⁵ pei³³ iaŋ⁰ , i?⁵ diŋ²¹ ŋɐɯ²¹ iŋ³³ tu⁵⁵ dɔŋ²¹ lɔ?⁵ saŋ⁴⁵ kʰɣ³³ i²² u¹³ a⁰ pɔŋ⁴⁵

gɣ²² sɛ?⁰ nəŋ²² nəŋ⁴⁵ sɛ?⁵ iɛ̃²² dʑiaŋ¹³ lei⁰ 。 muə²² kei⁵³ nɐ?²³ lɛ⁰ , iŋ³³ tu⁵⁵ dɔŋ²¹

ziɯ²¹ ɐɯ⁴⁵ nəŋ²² səŋ³³ lə⁰ xɐɯ³³ tu⁴⁵ iɛ̃²² dʑiaŋ¹³ kʰɣ⁰ 。 tʰuə³³ fi⁵³ du²² ȵiɛ²¹ diɛ²²

i?⁵ zɿ²¹ kaŋ⁴⁵ ziɯ²¹ ɐɯ⁴⁵ iɔ¹³ tiɛ⁵³ xa?⁵ sɛ?⁰ nəŋ²² pəɯ?⁵ su⁵³ iɯ¹³ kɛ⁰ tɐɯ⁴⁵ a⁰ ,

tɕiɛ̃³³ a⁰ zy ɛ̃²² bu¹³ təɯ?⁵ iɔŋ²¹ iɛ̃²² iɛ̃²¹ lɔ?²³ kʰɣ⁰ 。 da²¹ kei⁴⁵ ku³³ lə⁰ nɛ̃¹³ ȵiɛ²²

i²²u¹³ , iŋ³³tu⁵⁵dɤŋ²¹lɛ⁰tsʰɛ̃⁵³tsʰɛ̃³³xaʔ⁵sɛʔ⁰nəŋ²²kɛ⁰piŋ⁵⁵tsʰɭ³³⁴iaʔ²³laŋ²¹
tiʔ⁰tsʰɒ⁵⁵fɤuʔ⁰tɤuu⁴⁵lə⁰ba⁰ , ʑiɯ²¹pʰa³³piŋ⁴⁵kʰɤ³³tiaŋ⁵³³。tɕiŋ⁵³kei³³tʰuə³³
fi⁵³kʰu⁴⁵lei⁰a⁰ʑy⁴⁵ʑyɛ̃²²kəŋ⁵³nəŋ²²tɤu⁴⁵ , daŋ²¹ʑiʔ²³kɛ̃³³pɛ̃⁵³zəŋ²²fɤuʔ³
tɕʰyɛʔ⁵iʔ⁵iaŋ²¹uɔʔ²³iəŋ²¹kɛ⁰piŋ⁵⁵tsʰɭ³³⁴ , iŋ³³uei²²su⁵³iɯ¹³kɛ⁰piŋ⁵⁵tsʰɭ³³i²¹
tɕiŋ³³ʑyɛ̃²²bu¹³tɤuʔ³kʰaʔ⁵iɛ̃²²laŋ²¹liɤu¹³lə⁰。

　　哇,土匪头听了好像捡到了宝贝,让应督堂下山后一定要帮他们弄些盐。没过几天,应督堂就让人送了很多盐上去。土匪头第一时间就叫手下人把所有的刀剑都用盐腌起来。大概过了两年,应督堂想他们的兵器烂得差不多了,就派兵去攻打。整个土匪窝里虽然人很多,但根本找不到一件有用的兵器,因为所有的兵器都已经被盐腐蚀了。

　　应督堂唻乙⁼个道路做得成功险! 但是,因为渠常年躲外底打仗,所以躲归来个路上渠自家亦死了。嘉靖皇帝为了表扬渠,专门派农到应村个村头造了一个督堂府来纪念渠。

　　iŋ³³tu⁵⁵dɤŋ²¹lɛ⁰iʔ⁵kei⁰dɤɯ²²luə²¹tsɤɯ³³tiʔ⁰ʑiŋ²¹kəŋ⁴⁵ɕiɛ̃⁵³³ ! daŋ²¹
ʑiʔ²³ , iŋ³³uei²²gɤ²²dʑiaŋ²²n̠iɛ̃²²tiu⁴⁵ua¹³tie⁵³tiaŋ⁵⁵tɕiaŋ³³⁴ , su⁵³i²²tiu⁴⁵kuei³³
lei²²kɛ⁰luə²¹dʑiaŋ¹³gɤ²²ʑyʔ²³kɒ³³iaʔ²³sɤ⁵³lə⁰。 kɒ⁵⁵tɕiŋ³³ɔŋ²²tie³³uei²¹lə⁰
piɤu⁵³iaŋ²²gɤ²¹³ , tɕyɛ̃⁴⁵məŋ²²pʰa³³nəŋ²²tɤu³³iŋ⁴⁵tsʰɛ̃⁰kɛ⁰tsʰɛ̃⁵⁵dəu²¹zɤu¹³
lə⁰iʔ⁵kei³³tu⁵⁵dɤŋ²¹fuə⁵³lei²²tsɭ⁵⁵n̠iɛ̃²¹gɤ²²¹。

　　应督堂这件事做得很成功! 但是,他常年在外打仗,在回来的路上去世了。嘉靖皇帝为了表彰他,专门派人到应村的村头造了一个督堂府来纪念他。

　　　　　　　　　　　　（2016 年 8 月 2 日,遂昌,讲述人:应瑛）

后　记

在我两周岁多一点的时候,由于父母工作调动,我随他们来到了遂昌县城郊的上江。从此,遂昌成为我成长的故乡,遂昌话也自然成了我的母语。

遂昌民风淳朴,风景秀丽,历史悠久,是丽水辖区内历史上第二个建制的县级单位。千百年来,遂昌人民勤劳耕作,创造了丰富多彩的地域文化。我国明代著名的文学家、戏剧家汤显祖于明万历二十一年至二十六年(1593—1598)任遂昌知县。在任期间,汤显祖勤政爱民、劝农耕作、灭虎除害,因政绩显著而受到历代遂昌人民的敬爱,遂昌境内就有多处关于他的纪念场所,如位于县城北街四弄的汤显祖纪念馆、位于妙高山的遗爱亭、位于城区东部的汤公园等。近年来,遂昌旅游业蓬勃发展,像南尖岩、神龙谷、千佛山、红星坪、汤沐园、遂昌金矿等旅游景点,吸引了全国各地的游客前来观光。

因独特的地理和历史原因,遂昌方言至今仍保留了诸多中古乃至上古音韵特征或者特殊语言现象,仅以声母为例简述如下。

①塞音、塞擦音声母按送气不送气、清浊进行三分,古全浊声母今读表现为“清音浊流”。例如:

杯[pei⁴⁵]

胚[pʰei⁴⁵]

赔［bei²²¹］

②少数非、敷、奉母字白读为重唇音声母［p］［pʰ］［b］。例如：

粪［pɛ̃³³⁴］（音同"半"）

覆［pʰəɯʔ⁵］（音同"扑"）

吠［bi¹³］（音同"被"）

③少数知、彻、澄母字读舌头音声母［t］［tʰ］［d］。例如：

猪［tɒ⁴⁵］

坼［tʰiaʔ⁵］开坼：裂开

肠［dɛ̃²²¹］（音同"潭"）

④部分字声母脱落读零声母。例如：

鸡［iɛ⁴⁵］

肩［iɛ̃⁴⁵］（音同"烟"）

肫［iŋ⁴⁵］（音同"英"）

箕［i⁴⁵］畚箕（音同"衣"）

⑤个别心、邪、书、禅母字读塞擦音声母。例如：

少［tɕiɐɯ⁵³³］（音同"剿"）

手［tɕʰyɛ⁵³³］（音同"取"）

笑［tɕʰiɐɯ³³⁴］（音同"俏"）

深［tɕʰyɛ̃⁴⁵］（音同"圈"）

湿［tɕʰiaʔ⁵］（音同"恰"）

树［dʑiɯ²¹³］（音同"旧"）

⑥个别匣母字读如古群母［g］声母。例如：

含［gaŋ²²¹］

厚［gu¹³］

糊面糊［guə²¹³］

滑［guaʔ²³］

⑦个别以母字读擦音声母。例如：

痒[ʑiɔŋ¹³]

蝇[ɕiŋ³³⁴]（音同"姓"）

　　然而，如此珍贵的语言资源却有在新一代或再下一代遂昌人中消亡的可能。保护遂昌方言，时不我待！2016 年暑期，我带着硕士研究生周倩倩和窦林娟到遂昌做"中国语言资源保护工程·浙江汉语方言调查"的遂昌项目。在遂昌县教育局领导的统一部署之下，基础教育科雷巧菁老师安排我们对报名的数位发音人进行了分批面试，其中，老男发音人、青女发音人、文化发音人顺利得以确定，而青男发音人和老女发音人则经过多个渠道才物色成功。

　　在顺利进行了纸笔调查和室内摄录之后，我们还选择了遂昌城内具有代表性的两个景点进行室外乡音的摄录。其一是妙高山公园，其二是汤公园。八月的炎热天气，似乎没有一丝风，夹杂着雀噪蝉鸣，偶尔还有嬉戏的黄犬入镜，发音人汗流浃背却依然神采飞扬的表演……都成了我们难以忘却的美好记忆。

　　发音人郭雄飞（老男发音人兼文化发音人）、江汇（青男发音人）、李桂飞（老女发音人）、应瑛（青女发音人兼文化发音人）不辞辛劳，在炎炎盛夏努力配合我们的调查和摄录工作。研究生周倩倩、窦林娟为整个调查摄录工作付出了辛勤汗水。研究生程朝为本书的成形进行了认真的整理工作。浙江师范大学王洪钟教授对书稿进行了细致的审阅并提出了富有建设性的意见和建议。另外，遂昌妙高小学为本项目的建设提供了理想的摄录场所，遂昌中学唐巍老师参加了对发音人的面试工作，遂昌县教育局雷巧菁老师进行了细致的协调工作，等等。在此一并致谢！

杭州师范大学　王文胜

2018 年 8 月 17 日

图书在版编目(CIP)数据

浙江方言资源典藏.遂昌 / 王文胜,程朝著. —杭州:浙江大学出版社,2019.1

ISBN 978-7-308-18915-6

Ⅰ. ①浙… Ⅱ. ①王… ②程… Ⅲ. ①吴语－遂昌县 Ⅳ. ①H173

中国版本图书馆 CIP 数据核字(2019)第 011286 号

浙江方言资源典藏·遂昌

王文胜　程　朝著

策　划	张　琛　包灵灵	
丛书主持	包灵灵	
责任编辑	董　唯	
责任校对	吴水燕	
封面设计	周　灵	
出版发行	浙江大学出版社	
	（杭州市天目山路 148 号　邮政编码 310007)	
	（网址:http://www.zjupress.com)	
排　版	杭州朝曦图文设计有限公司	
印　刷	浙江省邮电印刷股份有限公司	
开　本	710mm×1000mm　1/16	
印　张	11.5	
插　页	4	
字　数	141 千	
版 印 次	2019 年 1 月第 1 版　2019 年 1 月第 1 次印刷	
书　号	ISBN 978-7-308-18915-6	
定　价	48.00 元	